五年制高职专用教材

财务会计类专业精品课程规划教材

会计账务处理操作教程

主 编 李 辉 程晓鹤 张文惠

图书在版编目(CIP)数据

会计账务处理操作教程 / 李辉, 程晓鹤, 张文惠主编. —苏州: 苏州大学出版社, 2020.8 (2025.1重印)
ISBN 978-7-5672-3250-1

Ⅰ. ①会… Ⅱ. ①李… ②程… ③张… Ⅲ. ①会计方法-教材 Ⅳ. ①F231

中国版本图书馆 CIP 数据核字(2020)第 161731 号

会计账务处理操作教程

李辉 程晓鹤 张文惠 主编

责任编辑 王 亮

苏州大学出版社出版发行
(地址: 苏州市十梓街1号 邮编: 215006)
广东虎彩云印刷有限公司印装
(地址: 东莞市虎门镇黄村社区厚虎路20号C幢一楼 邮编: 523898)

开本 787 mm×1 092 mm 1/16 印张 15 字数 366 千
2020 年 8 月第 1 版 2025 年 1 月第 3 次印刷
ISBN 978-7-5672-3250-1 定价: 49.00 元

若有印装错误, 本社负责调换
苏州大学出版社营销部 电话: 0512-67481020
苏州大学出版社网址 http://www.sudapress.com
苏州大学出版社邮箱 sdcbs@suda.edu.cn

前言

本书是为适应五年制高等职业教育会计类专业课程改革,在会计专业人才培养方案的基础上,由江苏联合职业技术学院会计专业协作委员会开发编写的实践课程教材。在编写过程中,编者力求以"能力本位"观课程论为主导,以会计核算能力训练为切入点,重点讲解原始凭证填制、记账凭证编制、会计账簿登记、财务报表编制等内容,以使学生基本具备凭证的归纳整理能力、分析核算能力和职业判断能力。

本书主要依据新《企业会计准则》和国家现行有关会计制度的规定,按照高职高专会计类专业人才培养方案的要求,努力吸收会计学科教科研的前沿成果,重点结合教师实际教学的经验编写而成,突出实用性、通用性、交互性、操作性等特点,特别强调会计业务操作技能的培养和训练。

本书在下列几个方面进行了创新和探索:

一、讲解翔实、内容新颖。本书严格按照会计实务操作的流程进行编写,业务范例和业务练习有机融合,操作规程讲解详细。

二、设计科学、操作规范。本书涉及非常多的原始凭证,全部为实际工作中的凭证,并配有详细的讲解。学生在范例的指引下规范操作,有利于在实践中更好地发挥专业技能。

三、业务真实,贴合实际。本书在讲解的基础上,配备了附录训练,提供两套企业真实凭证的业务,没有文字提示,学生可自主分析凭证,完成训练。

四、建立了立体化、层次性的教学内容体系。通过软件训练、案例资料等教学内容编排,使教材具有趣味性、实践性。教材项目化突出,内容的层次性较强,有利于培养学生的学习兴趣和自学能力,也为教师教学提供了大量教案素材和教学思路。

本书由江苏联合职业技术学院徐州财经分院李辉教授及程晓鹤、张文惠老师担任主编，制定编写大纲，设计教材体例，提出编写方案，并统稿、总纂。具体分工如下："项目一　原始凭证填制"由徐州财经分院张平老师编写；"项目二　记账凭证编制"由徐州财经分院史欣欣、张文惠老师编写；"项目三　会计账簿登记"由徐州财经分院井畅畅老师编写；"项目四　财务报表编制"由徐州财经分院程晓鹤老师编写；"附录一　会计账务处理操作教程模拟练习（一）"由徐州财经分院程晓鹤老师和泰州机电分院仇娴老师编写；"附录二　会计账务处理操作教程模拟练习（二）"由徐州财经分院李辉教授和扬州旅游商贸学校胡鹏老师编写。全书由徐州财经分院郑在柏教授主审。

本书是在江苏联合职业技术学院晏仲超院长的关心、支持和精心指导下立项编写的。本书付梓前在徐州财经分院经过一个学期的教学试用，很多老师提出了宝贵的修改意见。另外，在教材编写过程中，厦门久久网智软件有限公司提供了软件支持，在此一并表示衷心感谢。

本书主要适用于五年制高等职业教育财经类专业，也适用于三年制高等职业教育、中等职业教育财经类专业，还可以作为会计从业人员的学习用书。由于时间仓促，编写水平有限，难免有不足之处，望广大同仁不吝赐教，在此深表谢意。

编者

2020 年 6 月 8 日

目　录

项目一　原始凭证填制 ... 001
　一、原始凭证的填制要求 ... 001
　二、常用原始凭证的填制 ... 002

项目二　记账凭证编制 ... 058
　一、记账凭证的编制要求 ... 058
　二、记账凭证的编制方法 ... 059
　三、记账凭证的编制实例 ... 059
　四、记账凭证的编制练习 ... 095

项目三　会计账簿登记 ... 125
　一、会计账簿的记账规则 ... 125
　二、会计账簿的对账和结账 ... 126
　三、会计账簿的登记 ... 127

项目四　财务报表编制 ... 143
　一、财务报表的编制要求 ... 143
　二、财务报表的编制方法 ... 144
　三、财务报表的编制实例 ... 146
　四、财务报表的编制练习 ... 151

附录一　会计账务处理操作教程模拟练习（一） ... 160
　一、主体企业信息 ... 160
　二、企业会计政策信息与期初余额 ... 160
　三、业务训练资料 ... 163

附录二　会计账务处理操作教程模拟练习（二）　　192
　一、主体企业信息与企业会计政策信息　　192
　二、期初余额　　192
　三、业务训练资料　　195

项目一　原始凭证填制

项目描述

本项目主要介绍原始凭证填制的规范和要求,重点介绍了支票、进账单、银行汇票、银行汇(本)票申请书、银行承兑汇票与托收凭证、电汇凭证、增值税发票、收料单、领料单、借款单、差旅费报销单、收款收据、现金缴款单等原始单据的填制。对本项目的学习有助于学生掌握原始单据的填制规范和要求,提升填制原始凭证的能力。

学习目标

1. 了解原始凭证的填制要求。
2. 掌握常用原始凭证的填制。

一、原始凭证的填制要求

原始凭证是进行会计核算的最原始资料,同时也是具有法律效力的证明文件。为了保证会计核算资料的真实、正确和及时,原始凭证的填制必须符合一定的规范。因此,应按要求填制原始凭证。

(1) 记录要真实。原始凭证所填列的经济业务内容和数字必须真实可靠,符合实际情况,不得歪曲经济业务真相、弄虚作假。对实物的数量和金额的计算要准确无误,不得以匡算和估算的结果填入。

(2) 内容要完整。原始凭证所要求填列的项目必须逐项填列齐全,不得遗漏和省略。

(3) 手续要完备。单位自制的原始凭证必须有经办人和单位领导人或者其他指定人员的签名或盖章;对外开出的原始凭证必须加盖本单位公章;从外部取得的原始凭证必须盖有填制单位的公章;从个人取得的原始凭证必须有填制人员的签名或盖章。

(4) 书写要清楚、规范。原始凭证要按规定填写,文字要简要,字迹要清楚、易于辨认,不得使用未经国务院公布的简化汉字。如有差错,应按规定的方法更正,不得随意涂改、刮擦和挖补。同时应遵守以下技术要求:

① 日期标有"大写"的应大写,小写无效。规则为:月份为1、2和10前加"零",如10月写成"零壹拾月";日为1—9、10、20、30前加"零",如20日写成"零贰拾日",日为11—19前加"壹",如13日写成"壹拾叁日"。

② 小写金额用阿拉伯数字逐个书写,不得写连笔字。在金额前要填写人民币符号"￥",人民币符号"￥"与阿拉伯数字之间不得留有空白。金额数字一律填写到角、分,无

角、分的,写"00"或符号"—";有角无分的,分位写"0",不得用符号"—"。

③ 大写金额用汉字壹、贰、叁、肆、伍、陆、柒、捌、玖、拾、佰、仟、万、亿、元、角、分、零、整等,一律用正楷或行书字书写。大写金额前未印有"人民币"字样的,应加写"人民币"三个字,"人民币"字样和大写金额之间不得留有空白。大写金额到元或角为止的,后面要写"整"或"正"字;有分的,不写"整"或"正"字。

④ 凡规定填写大写金额的各种凭证,如银行结算凭证、发票等,必须在填写小写金额的同时也填写大写金额。大写金额之前没有印制货币名称的,应当增加填写货币名称,货币名称与货币金额数字之间不得留有空白。阿拉伯数字金额中间有"0"时,汉字大写金额要写"零"字;阿拉伯数字金额中间连续有几个"0"时,汉字大写金额中可以只写一个"零"字;阿拉伯数字金额元位是"0",或者数字中间连续有几个"0"、元位也是"0"但角位不是"0"时,汉字大写金额可以只写一个"零"字,也可以不写"零"字。

(5) 编号要连续。如果原始凭证已预先印定编号,在写坏作废时,应加盖"作废"戳记,妥善保管,不得撕毁。

(6) 不得涂改、刮擦、挖补。原始凭证有错误的,应当由出具单位重开或更正,更正处应当加盖出具单位印章。原始凭证金额有错误的,应当由出具单位重开,不得在原始凭证上更正。

(7) 填制要及时。各种原始凭证一定要及时填写,并按规定的程序及时送交会计机构、会计人员进行审核。

二、常用原始凭证的填制

原始凭证的填制范例企业基本资料

企业名称:徐州味丰食品有限公司
企业增值税类型:一般纳税人
公司税号(社会信用代码):913203115094633652
企业地址:江苏省徐州市泉山区湖北路 24 号
企业电话号码:0516-89315462
企业基本户开户行(支票付款银行):中国建设银行徐州市泉山区支行 41290317115267
预留银行印鉴:徐州味丰食品有限公司财务专用章和法定代表人(刘毅玮)私章
企业一般存款户:交通银行徐州市泉山区支行 62915176712200

原始凭证的填制练习企业基本资料

企业名称:徐州信合家具有限责任公司
企业增值税类型:一般纳税人
公司税号(社会信用代码):913203032067927153
企业地址:江苏省徐州市云龙区李志街王新路 22 号
企业电话号码:0516-07835210
企业基本户开户行(支票付款银行):中国建设银行徐州市云龙区支行 41968261742199
预留银行印鉴:徐州信合家具有限责任公司财务专用章和法定代表人(柴键)私章
企业一般存款户:交通银行徐州市云龙区支行 62571104784632

(一) 支票

1. 使用要点

（1）适用范围：通常用于单位或个人的各种款项结算，同城异地均可，转账支票在同一票据交换区域内可以背书转让。

（2）付款期限：自出票日起 10 日内提示付款。

（3）支票种类：现金支票、转账支票、普通支票和划线支票四种，常用的有现金支票和转账支票。

2. 签发支票

签发支票时，支票正面加盖银行预留印鉴（单位财务专用章和法定代表人私章）。

（1）签发现金支票。

若收款人是本单位，则支票背面收款人签章处一定要加盖银行预留印鉴，如果收款人是其他单位或个人则不用加盖。

范例业务 1 2020-07-01，徐州味丰食品有限公司提取现金 10 000.00 元（用途：备用金），请填制现金支票。（支付密码：2180-1714-1291-0143）

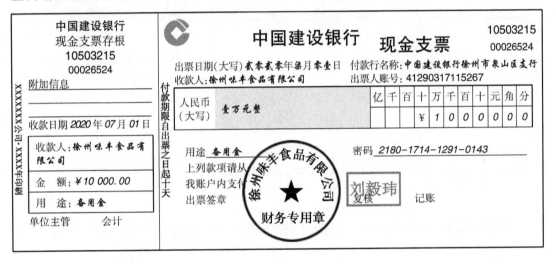

根据《中华人民共和国票据法》等法律法规的规定，签发空头支票由中国人民银行处以票面金额 5% 但不低于 1 000 元的罚款。

练习业务 1　2020-07-02,徐州信合家具有限责任公司提取现金 28 000.00 元(用途:备用金),请填制现金支票。(支付密码:3397-6548-0520-0683)

范例业务 2　2020-07-03,徐州味丰食品有限公司提取现金 5 000.00 元(用途:支付货款),请填制现金支票。(收款人:贾俊峰;支付密码:0588-9655-0750-0961)

附加信息：

（徐州味丰食品有限公司 财务专用章）
刘毅玮
收款人签章
2020年07月03日

身份证件名称：　　发证机关：
号码

（贴粘单处）

根据《中华人民共和国票据法》等法律法规的规定,签发空头支票由中国人民银行处以票面金额5%但不低于1 000元的罚款。

练习业务2　2020-07-03,徐州信合家具有限责任公司提取现金2 000.00元(用途：支付货款),请填制现金支票。(收款人:张四代;支付密码:1134-3724-1106-0325)

中国建设银行
现金支票存根
10503215
00026522

附加信息：

收款日期　年　月　日
收款人：
金　额：
用　途：
单位主管　　会计

中国建设银行　现金支票
10503215
00026553

出票日期(大写)　　年　月　日　　付款行名称：
收款人：　　　　　　　　　　　　出票人账号：
人民币(大写)　　　　　　　　亿 千 百 十 万 千 百 十 元 角 分

用途＿＿＿＿＿＿　　　　　密码＿＿＿＿＿＿
上列款项请从
我账户内支付
出票签章　　　　　　　　复核　　　记账

付款期限自出票之日起十天

附加信息：

收款人签章
　年　月　日

身份证件名称：　　发证机关：
号码

（贴粘单处）

根据《中华人民共和国票据法》等法律法规的规定,签发空头支票由中国人民银行处以票面金额5%但不低于1 000元的罚款。

(2) 签发转账支票。

范例业务3　2020-07-05,徐州味丰食品有限公司支付货款,请根据付款申请书填制

项目一　原始凭证填制

转账支票。(支付密码:6648-3681-9196-4602)

付款申请书

2020 年 07 月 05 日

用途及情况	金　额										收款单位(人): 徐州华盛销售有限公司
支付货款	亿	千	百	十	万	千	百	十	元	角	分	账号: 41622124809436
				￥	1	5	0	0	0	0	0	开户行: 中国建设银行徐州市鼓楼区支行

金额(大写)合计	人民币 壹万伍仟元整		结算方式: 转账支票	
总经理	朱胜利	财务部门	经理	蔡凤泉
			会计	环唯一
业务部门			经理	王群忠
			经办人	李津

中国建设银行
转账支票存根
10503226
00001700

附加信息
XXXXXX公司·XXXXX年制印

收款日期 2020 年 07 月 05 日
收款人: 徐州华盛销售有限公司
金　额: ￥15 000.00
用　途: 支付货款
单位主管　　会计

中国建设银行 转账支票
10503226
00001700

出票日期(大写) 贰零贰零年柒月零伍日
收款人: 徐州华盛销售有限公司
付款行名称: 中国建设银行徐州市泉山区支行
出票人账号: 41290317115267

人民币(大写) 壹万伍仟元整
￥15000 00

用途 支付货款
上列款项请从我账户内支付
出票签章（徐州咪丰食品有限公司 财务专用章）

密码 6648-3681-9196-4602
行号
复核 刘毅玮
记账

付款期限自出票之日起十天

附加信息:	被背书人	被背书人	（贴粘单处）	根据《中华人民共和国票据法》等法律法规的规定,签发空头支票由中国人民银行处以票面金额5%但不低于1 000元的罚款。
	背书人签章 年　月　日	背书人签章 年　月　日		

练习业务3　2020-07-04,徐州信合家具有限责任公司支付货款,请根据付款申请书填制转账支票。(支付密码:1401-2659-2885-3678)

付款申请书

2020 年 07 月 04 日

用途及情况	金　额										收款单位(人)：徐州五环纺织有限公司
支付货款	亿	千	百	十	万	千	百	十	元	角	分	账号：41622124953320
				￥	7	9	0	0	0	0	0	开户行：中国建设银行徐州市贾汪区支行
金额(大写)合计	人民币 柒万玖仟元整											结算方式：转账支票
总经理　孙武	财务部门	经理	苏卫红				业务部门	经　理	何忠保			
		会计	杨秋青					经办人	徐丽			

中国建设银行
转账支票存根
10503226
00001600

附加信息

收款日期　　年　月　日
收款人：
金　额：
用　途：
单位主管　　　会计

中国建设银行　转账支票
10503226
00001600

出票日期(大写)　　年　月　日
收款人：
人民币(大写)

付款行名称：
出票人账号：

亿	千	百	十	万	千	百	十	元	角	分

用途
上列款项请从
我账户内支付
出票签章

密码_____
行号_____
复核　　　记账

付款期限自出票之日起十天

附加信息：

被背书人	被背书人
背书人签章 年　月　日	背书人签章 年　月　日

(贴粘单处)

根据《中华人民共和国票据法》等法律法规的规定，签发空头支票由中国人民银行处以票面金额5%但不低于1 000元的罚款。

(3) 收到转账支票背书转让。

收到转账支票后，若要背书转让给其他单位，则应在转账支票背面"背书人签章"处加盖本公司银行预留印鉴，在"被背书人"处填写接收本转账支票的单位或个人名称，并提交给被背书人。若收到现金支票，应直接在背面"收款人签章"处加盖本单位的银行预留印鉴，并持票到出票人开户银行提取现金。

范例业务4　2020-07-08，徐州味丰食品有限公司将收到的转账支票背书转让给七天酒店有限公司,请办理背书手续。

练习业务4 2020-07-05,徐州信合家具有限责任公司将收到的转账支票背书转让给欧塞德斯汽车销售有限公司,请办理背书手续。

(4) 收到转账支票办理进账。

若由本单位进账,则需要填制进账单,具体填制见"(二)进账单"。

(二)进账单

(1) 适用范围:单位收到支票、银行本票、银行汇票等票据后,办理进账手续时使用。

(2) 进账单填制。

范例业务 5 2020-07-10,徐州味丰食品有限公司收到转账支票,当日进账,请采用顺解方式办理进账手续。

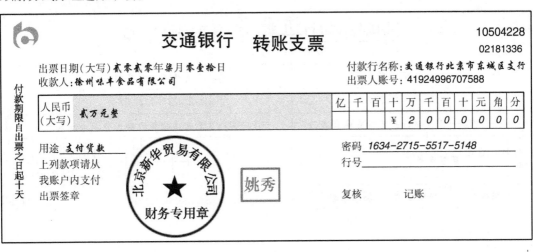

备注:只有单位在不同商业银行之间划转款项且采用顺解程序(在收款人对应的开户银行进账)时,支票背面的背书人签章处才需要加盖本单位银行预留印鉴。

项目一 原始凭证填制 | 009

中国建设银行进账单（回单） 1

2020 年 07 月 10 日

出票人	全称	北京新华贸易有限公司	收款人	全称	徐州味丰食品有限公司
	账号	41924996707588		账号	41290317115267
	开户银行	交通银行北京市东城区支行		开户银行	中国建设银行徐州市泉山区支行

金额	人民币（大写）	贰万元整	亿 千 百 十 万 千 百 十 元 角 分
			￥ 2 0 0 0 0 0 0

票据种类	转账支票	票据张数	1
票据号码	1050322602181336		

复核　　记账

中国建设银行
徐州市泉山区支行
2020-07-10
办讫
(01)

开户银行签章

此联是开户银行交给持（出）票人的回单

中国建设银行进账单（贷方凭证） 2

2020 年 07 月 10 日

出票人	全称	北京新华贸易有限公司	收款人	全称	徐州味丰食品有限公司
	账号	41924996707588		账号	41290317115267
	开户银行	交通银行北京市东城区支行		开户银行	中国建设银行徐州市泉山区支行

金额	人民币（大写）	贰万元整	亿 千 百 十 万 千 百 十 元 角 分
			￥ 2 0 0 0 0 0 0

票据种类	转账支票	票据张数	1
票据号码	1050322602181336		
备注：			

复核　　记账

此联由收款人开户银行作贷方凭证

中国建设银行 进账单（收账通知） 3

2020 年 07 月 10 日

出票人	全称	北京新华贸易有限公司	收款人	全称	徐州味丰食品有限公司
	账号	41924996707588		账号	41290317115267
	开户银行	交通银行北京市东城区支行		开户银行	中国建设银行徐州市泉山区支行

金额	人民币（大写）	贰万元整	亿千百十万千百十元角分 ¥ 2 0 0 0 0 0 0

票据种类	转账支票	票据张数	1
票据号码	1050322602181336		

中国建设银行 徐州市泉山区支行 2020-07-10 办讫 (01)

复核　　记账　　　　　开户银行签章

此联是收款人开户银行交给收款人的收账通知

备注：进账单一式三联，所有联次填写内容一致，用复写纸套写。开户银行签章处由办理进账手续的银行加盖印章。后面出现的进账单仅给出第一联，第二、三联省略。

练习业务 5　2020-07-06，徐州信合家具有限责任公司收到转账支票，当日进账，请采用顺解方式办理进账手续。

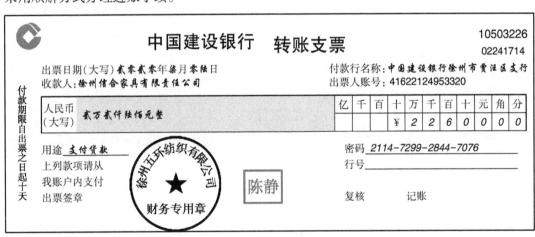

中国建设银行 进账单（回单）

年　月　日

出票人	全称		收款人	全称	
	账号			账号	
	开户银行			开户银行	

金额	人民币（大写）		亿 千 百 十 万 千 百 十 元 角 分

票据种类		票据张数	
票据号码			

复核　　记账　　　　　　　　　开户银行签章

此联是开户银行交给持（出）票人的回单

范例业务6　2020-07-12，徐州味丰食品有限公司收到转账支票，当日进账，请采用倒解方式办理进账手续。

中国建设银行　　转账支票　　10503226　02619253

出票日期（大写）：贰零贰零年柒月壹拾贰日
收款人：徐州味丰食品有限公司
付款行名称：中国建设银行徐州市鼓楼区支行
出票人账号：41622124809436

人民币（大写）：叁仟元整　　￥3 0 0 0 0 0

用途：支付货款
上列款项请从我账户内支付
出票签章：徐州华盛销售有限公司 财务专用章　傅保

密码　5171-9474-5664-8287
行号_____
复核　　记账

付款期限自出票之日起十天

附加信息：	被背书人	被背书人
	背书人签章 年　月　日	背书人签章 年　月　日

备注：如果转账支票采用倒解程序办理进账手续，即在付款人开户行办理进账手续时，转账支票背面不需要写明委托收款字样，也不需要加盖银行预留印鉴，被背书人处也不用填写。

中国建设银行 进账单(回单) 1

2020 年 07 月 12 日

出票人	全称	徐州华盛销售有限公司	收款人	全称	徐州味丰食品有限公司
	账号	41622124809436		账号	41290317115267
	开户银行	中国建设银行徐州市鼓楼区支行		开户银行	中国建设银行徐州市泉山区支行

金额：人民币（大写）叁仟元整　　￥3 000 00

票据种类	转账支票	票据张数	1
票据号码	1050322602619253		

复核　　记账

开户银行签章：中国建设银行 徐州市泉山区支行 2020-07-12 办讫（01）

此联是开户银行交给持(出)票人的回单

练习业务6　2020-07-07,徐州信合家具有限责任公司收到转账支票,当日进账,请采用倒解方式办理进账手续。

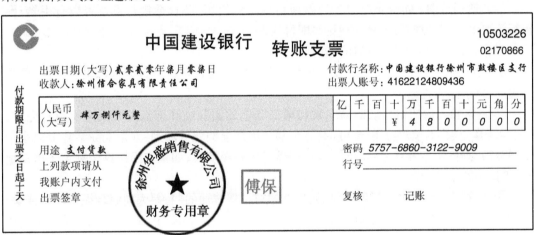

附加信息：　被背书人　　　被背书人

背书人签章　　　背书人签章
　年　月　日　　　年　月　日

项目一　原始凭证填制

中国建设银行进账单（回单） 1

年　月　日

出票人	全称		收款人	全称		此联是开户银行交给持（出）票人的回单
	账号			账号		
	开户银行			开户银行		
金额	人民币（大写）		亿 千 百 十 万 千 百 十 元 角 分			

票据种类　　票据张数
票据号码

　　　　　复核　　记账　　　　　开户银行签章

（三）银行汇票

（1）适用范围：同城异地的各种款项结算均可使用，非现金银行汇票可以背书转让。银行汇票由银行受理开具，是一种见票即付票据。

（2）收到银行汇票后应做如下处理：

① 对收到的银行汇票进行审查，审查的主要内容为收款人是否为本单位、银行汇票是否过期、背书是否连续等。

② 将审核无误的银行汇票第二联和第三联上的实际结算金额与多余金额填写完整，"实际结算金额"的填写应遵循实际结算金额与出票金额孰低原则，如果实际结算金额小于出票金额，则按实际结算金额填写，"多余金额"按差额填写；如果实际结算金额大于出票金额，则按出票金额填写。

③ 如果是本单位办理进账手续，则应在银行汇票背面的"持票人向银行提示付款签章"处加盖银行预留印鉴，同时填制进账单后到本单位开户银行办理进账手续；如果是背书转让给其他单位，则应在银行汇票背面的"背书人签章"处加盖银行预留印鉴，在"被背书人"处填写接受该银行汇票人的名称，并将银行汇票第二联和第三联交给被背书人。

范例业务7　2020-07-13，徐州味丰食品有限公司将收到的银行汇票办理进账，请办理进账手续。

中国建设银行 银行汇票

2
10501141
22940291

出票日期（大写）	贰零贰零年柒月壹拾叁日
代理付款行：	
代号：	
收款人：	徐州味丰食品有限公司
出票金额 人民币（大写）	壹万伍仟捌佰贰拾元整 ￥15 820.00
实际结算金额 人民币（大写）	壹万伍仟捌佰贰拾元整 ￥1582000（亿千百十万千百十元角分）
申请人：	中祥销售有限公司
账号：	41622124173915
出票行：	中国建设银行北京市怀柔区支行 行号：105005411844
备注：	
凭票付款	
出票行签章	（中国建设银行北京市怀柔区支行 105005411844 汇票专用章）（刘中）
密押：	
多余金额	000（千百十万千百十元角分）
复核 记账	

提示付款期限自出票之日起壹个月

此联代理付款行付款后作联行往账借方凭证附件

被背书人	被背书人
背书人签章 年 月 日	背书人签章 年 月 日
持票人向银行提示付款签章： （徐州味丰食品有限公司 财务专用章）（刘毅玮）	身份证件名称： 发证机关： 号码：

项目一 原始凭证填制 | 015

中国建设银行 银行汇票（解讫通知）

3

10501141
22940291

出票日期（大写）：贰零贰零年柒月壹拾叁日
代理付款行：
代号：

收款人：徐州味丰食品有限公司

出票金额 人民币（大写）：壹万伍仟捌佰贰拾元整　¥15 820.00

实际结算金额 人民币（大写）：壹万伍仟捌佰贰拾元整

亿	千	百	十	万	千	百	十	元	角	分
				¥1	5	8	2	0	0	0

申请人：中祥销售有限公司　账号：41622124173915

出票行：中国建设银行北京市怀柔区支行　行号：105005411844

备注：

密押：

多余金额

千	百	十	万	千	百	十	元	角	分
							0	0	0

代理付款行签章
复核　经办　复核　记账

提示付款期限自出票之日起壹个月

此联代理付款行兑付后随报单寄出票行，由出票行作多余款贷方凭证

中国建设银行 进账单（回单）

1

2020年07月13日

出票人	全称	中祥销售有限公司	收款人	全称	徐州味丰食品有限公司
	账号	41622124173915		账号	41290317115267
	开户银行	中国建设银行北京市怀柔区支行		开户银行	中国建设银行徐州市泉山区支行

金额 人民币（大写）：壹万伍仟捌佰贰拾元整

亿	千	百	十	万	千	百	十	元	角	分
				¥1	5	8	2	0	0	0

票据种类	转账支票	票据张数	2
票据号码	1050114122940291		

中国建设银行
徐州市泉山区支行
2020-07-13
办讫
(01)

复核　记账　开户银行签章

此联是开户银行交给持（出）票人的回单

练习业务7　2020-07-08，徐州信合家具有限责任公司将收到的银行汇票办理进账，请办理进账手续。

江苏省增值税专用发票

3203161140　　　　　　　　　　　　　　　　No.01794260　　3203187140
此联不作报销、扣税凭证使用　　　　　　　　　　　　　　01794260
开票日期：2020年07月08日

购买方	名　称：	新凯合酒店有限公司					密码区	83＊3187＜4/＋1942＜＋95-59+7＜197
	纳税人识别号：	912301049172835427						6467＜0--＞＞-6＞525＜909516-＞7＊7
	地址、电话：	黑龙江哈尔滨市道外区田爱街王焰路72号 0451-63586271						87＊3187＜4/＋8490＜+51483876004
	开户行及账号：	中国建设银行哈尔滨市道外区支行 41622124257723						0+＜712/＜1＋9016＞5861++＞84＞78

货物及应税劳务、服务的名称	规格型号	单位	数量	单价	金额	税率	税额
沙发		个	300	400.00	120 000.00	13%	15 600.00
合　计					¥120 000.00		¥15 600.00

价税合计（大写）	⊗壹拾叁万伍仟陆佰元整	（小写） ¥135 600.00

销售方	名　称：	徐州信合家具有限责任公司	备注
	纳税人识别号：	913203032067927153	
	地址、电话：	江苏省徐州市云龙区李志街王新路22号 0516-07835210	
	开户行及账号：	中国建设银行徐州市云龙区支行 41968261742199	

收款人：　　　复核：　　　开票人：杨秋青　　　销售方（章）

第一联：记账联　销售方记账凭证

中国建设银行 银行汇票

2　　10502341
　　　34131247

出票日期（大写）	贰零贰零年柒月零捌日	代理付款行：	代号：

收款人：	徐州信合家具有限责任公司		
出票金额	人民币（大写）	壹拾叁万伍仟陆佰元整	¥135 600.00
实际结算金额	人民币（大写）		亿千百十万千百十元角分

申请人：新凯合酒店有限公司　　　账号：41622124257723
出票行：中国建设银行哈尔滨市道外区支行　　行号：105005411488
备　注：
凭票付款
出票行签章：中国建设银行哈尔滨市道外区支行 105005411488 汇票专用章　王永

密押：

多余金额　千百十万千百十元角分

复核　记账

提示付款期限自出票之日起壹个月

此联代理付款行付款后作联往账借方凭证附件

项目一　原始凭证填制

被背书人	被背书人
背书人签章 年　月　日	背书人签章 年　月　日
持票人向银行 提示付款签章：	身份证件名称：　　发证机关： 号码 □□□□□□□□□□□□□□□□□□

中国建设银行 进账单（回单） 1

年　月　日

出票人	全　称		收款人	全　称		此联是开户银行交给持（出）票人的回单
	账　号			账　号		
	开户银行			开户银行		
金额	人民币 （大写）			亿 千 百 十 万 千 百 十 元 角 分		
票据种类		票据张数				
票据号码						
复核　　　记账				开户银行签章		

（四）银行汇（本）票申请书

适用范围：企业向银行申请签发银行汇（本）票时使用。当收款人与申请人均为个人时，可申请现金银行汇（本）票。申请书中所填金额不得超过所用账号的银行存款余额。

范例业务 8　2020-07-14，徐州味丰食品有限公司申请银行汇票用于支付货款，请根据付款申请书填制银行汇（本）票申请书。（付款方式：转账；支付密码：5514-2614-8907-1313）

付款申请书

2020 年 07 月 14 日

用途及情况	金　额										收款单位(人)：凌峰物流有限公司
支付货款	亿	千	百	十万	千	百	十	元	角	分	账　号：41622124711591
		￥	1	0	0	0	0	0	0		开户行：中国建设银行呼和浩特市新城区支行

金额(大写)会计：	人民币 壹万元整		结算方式：银行汇票	
总经理	朱胜利	财务部门	经理	蔡凤泉
			会计	环唯一
		业务部门	经　理	王群忠
			经办人	李津

中国建设银行汇(本)票申请书

币别：人民币　　　2020 年 07 月 14 日　　　流水号：47978611

业务类型	☑银行汇票　□银行本票	付款方式	☑转账　□现金									
申请人	徐州味丰食品有限公司	收款人	凌峰物流有限公司									
账号	41290317115267	账号	41622124711591									
用途	支付货款	代理付款行										
金额	(大写)壹万元整		亿	千	百	十	万	千	百	十	元	角	分
					￥	1	0	0	0	0	0	0
客户签章	(徐州味丰食品有限公司 财务专用章) 刘毅玮	5514-2614-8907-1313										

会计主管：　　　　授权：　　　　复核：　　　　录入：

第一联　银行记账凭证

中国建设银行汇(本)票申请书

币别：人民币　　　2020 年 07 月 14 日　　　流水号：47978611

业务类型	☑银行汇票　□银行本票	付款方式	☑转账　□现金									
申请人	徐州味丰食品有限公司	收款人	凌峰物流有限公司									
账号	41290317115267	账号	41622124711591									
用途	支付货款	代理付款行										
金额	(大写)壹万元整		亿	千	百	十	万	千	百	十	元	角	分
					￥	1	0	0	0	0	0	0
客户签章	(徐州味丰食品有限公司 财务专用章) 刘毅玮	5514-2614-8907-1313										

会计主管：　　　　授权：　　　　复核：　　　　录入：

第二联　代理签发行记账凭证

项目一　原始凭证填制

中国建设银行汇(本)票申请书

2020 年 07 月 14 日　　流水号：47978611

币别：人民币

业务类型	☑银行汇票　□银行本票	付款方式	☑转账　□现金
申请人	徐州味丰食品有限公司	收款人	凌峰物流有限公司
账号	41290317115267	账号	41622124711591
用途	支付货款	代理付款行	

金额（大写）壹万元整　　￥10000.00

亿 千 百 十 万 千 百 十 元 角 分

银行签章：5514-2614-8907-1313

第三联　客户回单

会计主管：　　授权：　　复核：　　录入：

备注：银行汇(本)票申请书一式三联，后面出现的银行汇(本)票申请书仅给出第一联，第二、三联省略。

练习业务8　2020-07-09，徐州信合家具有限责任公司申请银行汇票用于支付货款，请根据付款申请书填制银行汇(本)票申请书。（付款方式：转账；支付密码：0553-4155-6708-4915）

付款申请书

2020 年 07 月 09 日

用途及情况	金额	收款单位（人）：常州苏新股份有限公司
支付货款	亿 千 百 十 万 千 百 十 元 角 分　￥60000.00	账号：23622124711556　开户行：中国工商银行常州市新北区支行
金额（大写）合计：人民币 陆万元整		结算方式：银行汇票

总经理	孙武	财务部门	经理	苏卫红	业务部门	经理	何忠保
			会计	杨秋青		经办人	徐丽

中国建设银行汇（本）票申请书

01127494

币别：人民币　　　　　　　　　年　月　日　　　　　流水号：

业务类型	□银行汇票　□银行本票	付款方式	□转账　□现金
申请人		收款人	
账号		账号	
用途		代理付款行	
金额（大写）		亿千百十万千百十元角分	
客户签章			

第一联　银行记账凭证

范例业务 9　2020-07-15，徐州味丰食品有限公司申请银行本票用于支付货款，请根据付款申请书填制银行汇（本）票申请书。（付款方式：转账；支付密码：7835-2442-9103-2137）

付款申请书

2020 年 07 月 15 日

用途及情况	金　　额										收款单位(人)：劲凯销售有限公司
支付货款	亿	千	百	十	万	千	百	十	元	角	分	账　号：41622124979364
				¥	7	0	0	0	0	0		开户行：中国建设银行北京市西城区支行
金额(大写) 会计：人民币 柒仟元整												结算方式：银行本票
总经理	朱胜利	财务部门	经理	蔡风泉			业务部门	经理	王群忠			
			会计	环唯一				经办人	李津			

中国建设银行汇（本）票申请书

2020 年 07 月 15 日   85289336

币别：人民币   流水号：

业务类型	☐银行汇票 ☑银行本票	付款方式	☑转账 ☐现金
申请人	徐州味丰食品有限公司	收款人	劲凯销售有限公司
账　号	41290317115267	账　号	41622124979364
用　途	支付货款	代理付款行	

金额	（大写）柒仟元整	亿 千 百 十 万 千 百 十 元 角 分
		￥ 7 0 0 0 0 0

客户签章	（徐州味丰食品有限公司 财务专用章）	7835-2442-9103-2137 刘毅玮

第一联　银行记账凭证

练习业务9　2020-07-10，徐州信合家具有限责任公司申请银行本票用于支付货款，请根据付款申请书填制银行汇（本）票申请书。（付款方式：转账；支付密码：7502-7470-1044-6294）

付款申请书

2020 年 07 月 10 日

用途及情况	金　额	收款单位（人）：欧塞德斯汽车销售有限公司
支付货款	亿 千 百 十 万 千 百 十 元 角 分 ￥ 2 5 0 0 0 0	账　号：41622124718595 开户行：中国建设银行北京市西城区支行

金额（大写）合计：	人民币 贰仟伍佰元整	结算方式：银行本票

总经理	孙武	财务部门	经理	苏卫红	业务部门	经　理	何忠保
			会计	杨秋青		经办人	徐丽

中国建设银行汇（本）票申请书

77654466

币别：人民币　　　　　　　年　月　日　　　　　　　流水号：

业务类型	□银行汇票　□银行本票	付款方式	□转账　□现金
申请人		收款人	
账　号		账　号	
用　途		代理付款行	
金额	（大写）	亿千百十万千百十元角分	
客户签章			

第一联　银行记账凭证

（五）银行承兑汇票与托收凭证

1. 银行承兑汇票

（1）适用范围：在银行开户且具有真实交易关系或债权债务关系的单位（同城或异地）均可使用。

（2）期限规定：付款期限最长不得超过6个月。

（3）开具银行承兑汇票。

第一联、第二联填写内容一致，第三联除不用加盖银行预留印鉴外，其他与第一联和第二联一致，用复写纸套写。

范例业务10　2020-07-16，徐州味丰食品有限公司开具银行承兑汇票，请根据银行承兑汇票申请书及承兑协议填制银行承兑汇票。

项目一　原始凭证填制　｜　023

中国建设银行
承兑汇票申请书

编号：86314365

我单位遵守中国人民银行《商业汇票办法》的一切规定，向贵行申请承兑。票据内容如下：

申请单位全称	徐州味丰食品有限公司	开户银行全称	中国建设银行徐州市泉山区支行	账号	41290317115267
汇票号码					
汇票金额（大写）	壹拾贰万元整				
汇票日期（大写）	贰零贰零年柒月壹拾陆日				
汇票到期日（大写）	贰零贰零年壹拾贰月壹拾陆日				
承兑单位或承兑银行	中国建设银行徐州市泉山区支行				
收款人资料	收款人全称	常州申远有限公司			
	收款人开户行	中国建设银行常州市钟楼区支行			
	收款人账户	41622124052680			
申请承兑合计金额	￥120 000.00				

申请承兑的原因和用途：支付货款

申请单位（公章）：徐州味丰食品有限公司（盖章）

法人代表签章：刘毅玮

2020年07月16日

注：本申请书一式叁份，两份提交银行，壹份由申请单位自留。

第三联：申请单位留存

银行承兑汇票承兑协议

编号：37985491

收款人全称：常州申远有限公司
开户银行：中国建设银行常州市钟楼区支行
账　　号：41622124052680

付款人全称：徐州味丰食品有限公司
开户银行：中国建设银行徐州市泉山区支行
账　　号：41290317115267

汇票金额（大写）：人民币　壹拾贰万元整
签发日期：2020-07-16　　到期日期：2020-12-16

以上汇票经承兑银行承兑，承兑申请人（下称申请人）愿遵守《支付结算办法》的规定及下列条款：

1. 申请人于汇票到期日前将应付票款足额交存承兑银行。
2. 承兑手续费按票面金额**万分之（伍）**计算，在银行承兑时一次付清。
3. 承兑汇票如发生任何交易纠纷，均由收付双方自行处理，票款于到期前仍按第一条办理。
4. 承兑汇票到期日，承兑银行凭票无条件支付票款。如到期日之前申请人不能足额交付票款，则承兑银行对不足支付部分的票款转作承兑申请人逾期贷款，并按照有关规定计收罚息。
5. 承兑汇票款付清后，本协议始自动失效。本协议第一、二联分别由承兑银行信贷部门和承兑申请人存执，协议副本由银行会计部门存查。

承兑银行（公章）　　　　　　　　　　承兑申请人（公章）
（中国建设银行徐州市泉山区支行）　　（徐州味丰食品有限公司）
　　　　　　　　　赵惠　　　　　　　　　　　　　　　刘毅玮

法定代表人（或授权代理人）：　　　　法定代表（或授权代理人）：
付款行的行号：105005411647　　　　签订日期：2020 年 07 月 16 日
付款行的地址：江苏省徐州市泉山区彭怀街孟立路29号

银行承兑汇票（卡片） 1

10503251
52013468

出票日期（大写）	贰零贰零 年 柒 月 壹拾陆 日		
出票人全称	徐州味丰食品有限公司	全 称	常州申远有限公司
出票人账号	41290317115267	账 号	41622124052680
开户银行	中国建设银行徐州市泉山区支行	开户银行	中国建设银行常州市钟楼区支行
出票金额	人民币（大写）壹拾贰万元整		￥120000 00
汇票到期日（大写）	贰零贰零年壹拾贰月壹拾陆日	付款行号	105005411647
承兑协议编号	37985491	地址	江苏省徐州市泉山区彭怀街孟立路29号

本汇票请你行承兑，此项汇票款我单位按承兑协议于到期前足额交存你行，到期请予支付。

（徐州味丰食品有限公司 财务专用章） 刘毅玮
出票人签章

密押

备注：   复核   记账

此联承兑行留存备查 到期支付票款时作借方凭证附件

银行承兑汇票 2

10503251
52013468

出票日期（大写）	贰零贰零 年 柒 月 壹拾陆 日		
出票人全称	徐州味丰食品有限公司	全 称	常州申远有限公司
出票人账号	41290317115267	账 号	41622124052680
开户银行	中国建设银行徐州市泉山区支行	开户银行	中国建设银行常州市钟楼区支行
出票金额	人民币（大写）壹拾贰万元整		￥120000 00
汇票到期日（大写）	贰零贰零年壹拾贰月壹拾陆日	付款行号	105005411647
承兑协议编号	37985491	地址	江苏省徐州市泉山区彭怀街孟立路29号

本汇票请你行承兑，到期无条件付款。

本汇票已经承兑，到期日由本行付款。
承兑行签章
承兑日期 年 月 日

（徐州味丰食品有限公司 财务专用章） 刘毅玮
出票人签章

密押

备注：   复核   记账

此联收款人开户行随托收凭证寄付款行作借方凭证附件

被背书人	被背书人	被背书人	（贴粘单处）
背书人签章 年　月　日	背书人签章 年　月　日	背书人签章 年　月　日	

银行承兑汇票（存根）

3　　10503251
　　　52013468

出票日期（大写）　贰零贰零 年 柒 月 壹拾陆 日

出票人全称	徐州味丰食品有限公司	收款人	全　称	常州申远有限公司
出票人账号	41290317115267		账　号	41622124052680
开户银行	中国建设银行徐州市泉山区支行		开户银行	中国建设银行常州市钟楼区支行

出票金额	人民币（大写）　壹拾贰万元整	亿千百十万千百十元角分 ¥　　　1 2 0 0 0 0 0 0

汇票到期日（大写）	贰零贰零年壹拾贰月壹拾陆日	付款行	行号	105005411647
承兑协议编号	37985491		地址	江苏省徐州市泉山区彭怀街孟立路29号

备注：	密押
	复核　　　经办

（此联由出票人存查）

练习业务10　2020-07-11，徐州信合家具有限责任公司开具银行承兑汇票，请根据银行承兑汇票申请书及承兑协议填制银行承兑汇票。

中国建设银行
承兑汇票申请书

编号：18367415

我单位遵守中国人民银行《商业汇票办法》的一切规定，向贵行申请承兑。票据内容如下：

申请单位全称	徐州信合家具有限责任公司	开户银行全称	中国建设银行徐州市云龙区支行	账号	41968261742199
汇票号码					
汇票金额(大写)	陆万柒仟捌佰元整				
汇票日期(大写)	贰零贰零年柒月壹拾壹日				
汇票到期日(大写)	贰零贰零年捌月壹拾壹日				
承兑单位或承兑银行	中国建设银行徐州市云龙区支行				
收款人资料	收款人全称	南京新兴有限公司			
	收款人开户行	中国建设银行南京市秦淮区支行			
	收款人账户	41622124278421			
申请承兑合计金额	￥67 800.00				
申请承兑的原因和用途：支付货款					

申请单位（公章） 【徐州信合家具有限责任公司 印章】

法人代表签章：柴键

2020 年 07 月 11 日

注：本申请书一式叁份，两份提交银行，壹份由申请单位自留。

第三联：申请单位留存

银行承兑汇票承兑协议

编号：55119846

收款人全称：南京新兴有限公司
开户银行：中国建设银行南京市秦淮区支行
账　　号：41622124278421

付款人全称：徐州信合家具有限责任公司
开户银行：中国建设银行徐州市云龙区支行
账　　号：41968261742199

汇票金额（大写）：人民币 陆万柒仟捌佰元整
签发日期：2020-07-11　　到期日期：2020-08-11

以上汇票经承兑银行承兑，承兑申请人（下称申请人）愿遵守《支付结算办法》的规定及下列条款：

1. 申请人于汇票到期日前将应付票款足额交存承兑银行。
2. 承兑手续费按票面金额万分之（伍）计算，在银行承兑时一次付清。
3. 承兑汇票如发生任何交易纠纷，均由收付双方自行处理，票款于到期前仍按第一条办理。
4. 承兑汇票到期日，承兑银行凭票无条件支付票款。如到期日之前申请人不能足额交付票款，则承兑银行对不足支付部分的票款转作承兑申请人逾期贷款，并按照有关规定计收罚息。
5. 承兑汇票款付清后，本协议始自动失效。本协议第一、二联分别由承兑银行信贷部门和承兑申请人存执，协议副本由银行会计部门存查。

承兑银行(公章)　　　　　　　　　　承兑申请人(公章)

法定代表人(或授权代理人)：　　　　法定代表人(或授权代理人)：
付款行的行号：105005415833　　　　签订日期：2020 年 07 月 16 日
付款行的地址：江苏省徐州市云龙区刻承街梁正路86号

银行承兑汇票（卡片） 1

10503251
61004680

出票日期（大写）　年　月　日

出票人全称		收款人	全称	
出票人账号			账号	
开户银行			开户银行	
出票金额	人民币（大写）			亿 千 百 十 万 千 百 十 元 角 分
汇票到期日（大写）		付款行	行号	
承兑协议编号			地址	

本汇票请你行承兑，此项汇票款我单位按承兑协议于到期前足额交存你行，到期请予支付。

出票人签章

备注：　　　　　　　复核　　　记账

此联承兑行留存备查 到期支付票款时作借方凭证附件

银行承兑汇票 2

10503251
61004680

出票日期（大写）　年　月　日

出票人全称		收款人	全称	
出票人账号			账号	
开户银行			开户银行	
出票金额	人民币（大写）			亿 千 百 十 万 千 百 十 元 角 分
汇票到期日（大写）		付款行	行号	
承兑协议编号			地址	

本汇票请你行承兑，到期无条件付款。　　　本汇票已经承兑，到期日由本行付款。

承兑行签章

承兑日期　年　月　日

出票人签章　　　　备注：　　　　　　　复核　　　记账

此联收款人开户行随托收凭证寄付款行作借方凭证附件

被背书人	被背书人	被背书人	（贴粘单处）
背书人签章 年 月 日	背书人签章 年 月 日	背书人签章 年 月 日	

银行承兑汇票（存根） 3　　10503251
　　　　　　　　　　　　　　　　　61004680

出票日期（大写）　　年　月　日

出票人全称		收款人	全　称										
出票人账号			账　号										
开户银行			开户银行										
出票金额	人民币（大写）			亿	千	百	十	万	千	百	十	元	角	分
汇票到期日（大写）		付款行	行号										
承兑协议编号			地址										
			密押										
备注：			复核　　　经办										

此联由出票人存查

（4）收到银行承兑汇票。

收到银行承兑汇票可背书转让。若需要转让，则收款人应在银行承兑汇票第二联背面的"背书人签章"处加盖本单位银行预留印鉴，同时在"被背书人"处填写接收该票据单位的名称。

收到的承兑汇票持有至到期后，收款人应在到期之日起10日内，在银行承兑汇票第二联背面的"背书人签章"处写明"委托收款"字样并加盖预留银行印鉴，在"被背书人"处填写收款人开户银行名称后，填制托收凭证，办理进账手续。具体填制见"2. 托收凭证"。

2. 托收凭证

适用范围：采用委托收款或托收承付结算方式时使用，如银行承兑汇票到期办理进账手续。

范例业务 11　2020-07-19，徐州味丰食品有限公司持已到期银行承兑汇票申请委托收款，请填制托收凭证并对银行承兑汇票进行相应处理。（委托收款结算款项划回方式：电划）

托收凭证（受理回单） 1

委托日期 2020 年 07 月 19 日

业务类型	委托收款（□邮划、☑电划）		托收承付（□邮划、□电划）			
付款人	全 称	中国建设银行南京市玄武区支行	收款人	全 称	徐州味丰食品有限公司	
	账 号			账 号	41290317115267	
	地 址	省 市县 开户行		地 址	江苏省徐州 市县 开户行	中国建设银行徐州市泉山区支行
金额	人民币（大写）	伍万元整			亿千百十万千百十元角分 ¥5000000	
款项内容	银行承兑汇票到期款		托收凭据名称	银行承兑汇票	附寄单证张数	1
商品发运情况			合同名称号码			
备注：						

复核：　　记账：　　　　　　　年 月 日　　　　收款人开户银行签章　年 月 日

此联作收款人开户银行给收款人的受理回单

托收凭证（贷方凭证） 2

委托日期 2020 年 07 月 19 日

业务类型	委托收款（□邮划、☑电划）		托收承付（□邮划、□电划）			
付款人	全 称	中国建设银行南京市玄武区支行	收款人	全 称	徐州味丰食品有限公司	
	账 号			账 号	41290317115267	
	地 址	省 市县 开户行		地 址	江苏省徐州 市县 开户行	中国建设银行徐州市泉山区支行
金额	人民币（大写）	伍万元整			亿千百十万千百十元角分 ¥5000000	
款项内容	银行承兑汇票到期款		托收凭据名称	银行承兑汇票	附寄单证张数	1
商品发运情况			合同名称号码			
备注：	上列款项随附有关债务证明，请予办理					

（徐州味丰食品有限公司 财务专用章）　刘毅玮

收款人开户银行收到日期：　　年 月 日　　收款人签章　　复核：　　记账：

此联收款人开户银行作贷方凭证

托收凭证（借方凭证） 3

委托日期 2020 年 07 月 19 日　　付款期限 2020 年 07 月 19 日

业务类型	委托收款（□邮划、☑电划）　托收承付（□邮划、□电划）		
付款人	全称	中国建设银行南京市玄武区支行	
	账号		
	地址	省 市县 开户行	
收款人	全称	徐州味丰食品有限公司	
	账号	41290317115267	
	地址	江苏省徐州 市县 开户行 中国建设银行徐州市泉山区支行	
金额	人民币（大写）	伍万元整	亿千百十万千百十元角分　¥ 5 0 0 0 0 0 0
款项内容	银行承兑汇票到期款	托收凭据名称 银行承兑汇票	附寄单证张数 1
商品发运情况		合同名称号码	
备注：			
收款人开户银行收到日期：年 月 日	收款人开户银行签章 年 月 日		复核：　记账：

此联付款人开户银行作借方凭证

托收凭证（汇款依据或收账通知） 4

委托日期 2020 年 07 月 19 日　　付款期限 2020 年 07 月 19 日

业务类型	委托收款（□邮划、☑电划）　托收承付（□邮划、□电划）		
付款人	全称	中国建设银行南京市玄武区支行	
	账号		
	地址	省 市县 开户行	
收款人	全称	徐州味丰食品有限公司	
	账号	41290317115267	
	地址	江苏省徐州 市县 开户行 中国建设银行徐州市泉山区支行	
金额	人民币（大写）	伍万元整	亿千百十万千百十元角分　¥ 5 0 0 0 0 0 0
款项内容	银行承兑汇票到期款	托收凭据名称 银行承兑汇票	附寄单证张数 1
商品发运情况		合同名称号码	
备注：	上列款项已划回收入你方账户内。		
复核：　记账：	收款人开户银行签章 年 月 日		

此联付款人开户银行凭以汇款或收款人开户银行作收账通知

托收凭证（付款通知） 5

委托日期 2020 年 07 月 19 日　　付款期限 2020 年 07 月 19 日

业务类型	委托收款（□邮划、☑电划）		托收承付（□邮划、□电划）		
付款人	全称	中国建设银行南京市玄武区支行	收款人	全称	徐州味丰食品有限公司
	账号			账号	41290317115267
	地址	省　市县　开户行		地址	江苏省徐州　市县　开户行 中国建设银行徐州市泉山区支行
金额	人民币（大写）	伍万元整			￥50000 00 （亿千百十万千百十元角分）
款项内容	银行承兑汇票到期款		托收凭据名称	银行承兑汇票	附寄单证张数 1
商品发运情况：			合同名称号码：		
备注：			付款人注意： 1. 根据支付结算方法，上列委托收款（托收承付）款项在付款期限内未提出拒付，即视为同意付款，以此代付款通知。 2. 如需提出全部或部分拒付，应在规定期限内，将拒付理由书并附债务证明退交开户银行。		
收款人开户银行收到日期：　年　月　日 复核：　　记账：		收款人开户银行签章 年　月　日			

此联付款人开户银行给付款人按期付款通知

备注：托收凭证一式五联，填写内容一致，后面出现的托收凭证仅给出第一联，其他联次省略。

练习业务 11　2020-07-12，徐州信合家具有限责任公司持已到期银行承兑汇票申请委托收款，请填制托收凭证并对银行承兑汇票进行相应处理。（委托收款结算款项划回方式：电划）

银行承兑汇票 2
10503251
57295386

出票日期（大写）	贰零贰零 年 伍 月 壹拾贰 日				
出票人全称	好再来大酒店有限公司		收款人	全称	徐州信合家具有限责任公司
出票人账号	41622124603827			账号	41968261742199
开户银行	中国建设银行南通市港闸区支行			开户银行	中国建设银行徐州市云龙区支行
出票金额	人民币（大写）	柒万玖仟壹佰元整			￥79100 00
汇票到期日（大写）	贰零贰零年柒月壹拾贰日		付款行	行号	105005411810
承兑协议编号	340547			地址	江苏省南通市港闸区向阳街月廊路88号
本汇票请你行承兑，到期无条件付款 [好再来大酒店有限公司 财务专用章] 王宁 出票人签章			上列汇票已经承兑，到期由本行付款 105005411810 [中国建设银行南通市港闸区支行 承兑专用章] 承兑日期 2020 年 05 月 12 日	密押 承兑行签章 复核　　记账	

此联收款人开户行随托收凭证寄付款行作借方凭证附件

项目一　原始凭证填制

被背书人	被背书人	被背书人	（贴粘单处）
背书人签章 年 月 日	背书人签章 年 月 日	背书人签章 年 月 日	

托 收 凭 证（受理回单）　1

委托日期　年　月　日

（托收凭证表格，含业务类型、付款人、收款人、金额、款项内容、托收凭据名称、附寄单证张数、商品发运情况、合同名称号码、备注、复核、记账、收款人开户银行签章等栏目）

此联作收款人开户银行给收款人的受理回单

（六）电汇凭证

适用范围：异地各项款项的结算均可采用。

范例业务 12　2020-07-19,徐州味丰食品有限公司支付货款,请根据付款申请书填制电汇凭证。（支付密码:0997-5182-7412-8686;汇款方式：普通）

付款申请书

2020 年 07 月 19 日

用途及情况	金额										收款单位(人): 南通天天物流有限公司
	亿	千	百	十	万	千	百	十	元	角	分
支付货款					¥	2	6	0	0	0	0	账　号: 41622124673230
												开户行: 中国建设银行南通市崇川区支行

金额(大写) 人民币 贰仟陆佰元整　　结算方式: 电汇

总经理	朱胜利	财务部门	经理	蔡凤泉	业务部门	经 理	王群忠
			会计	环唯一		经办人	李津

中国建设银行
China Construction Bank

电 汇 凭 证

2020 年 07 月 19 日　　流水号: 62109356

币别: 人民币

汇款方式	☑普通　□加急

汇款人	全　称	徐州味丰食品有限公司	收款人	全　称	南通天天物流有限公司
	账　号	41290317115267		账　号	41622124673230
	汇出地点	江苏省徐州市/县		汇入地点	江苏省南通市/县
	汇出行名称	中国建设银行徐州市泉山区支行		汇入行名称	中国建设银行南通市崇川区支行

金额	(大写) 贰仟陆佰元整	亿	千	百	十	万	千	百	十	元	角	分
						¥	2	6	0	0	0	0

支付密码 0997-5182-7412-8686

附加信息及用途: 支付货款

（徐州味丰食品有限公司 财务专用章）　刘毅玮

客户签章

第一联　银行记账凭证

会计主管:　　　授权:　　　复核:　　　录入:

中国建设银行 China Construction Bank

电汇凭证

币别：人民币　　　　2020年07月19日　　　　流水号：62109356

汇款方式	☑普通　　□加急		
汇款人	全称：徐州味丰食品有限公司	收款人	全称：南通天天物流有限公司
	账号：41290317115267		账号：41622124673230
	汇出地点：江苏省徐州市/县		汇入地点：江苏省南通市/县
	汇出行名称：中国建设银行徐州市泉山区支行		汇入行名称：中国建设银行南通市崇川区支行

金额（大写）：贰仟陆佰元整　　　　￥260000（亿千百十万千百十元角分）

支付密码 0997-5182-7412-8686
附加信息及用途：支付货款

客户签章：徐州味丰食品有限公司财务专用章　刘毅玮

会计主管：　　授权：　　复核：　　录入：

第二联　客户回单

备注：电汇凭证一式两联，填写内容一致，后面出现的电汇凭证仅给出第一联，第二联省略。

练习业务12　2020-07-13，徐州信合家具有限责任公司支付货款，请根据付款申请书填制电汇凭证。（支付密码：5080-6974-6029-9335；汇款方式：普通）

付款申请书

2020年07月13日

用途及情况	金额	收款单位(人)：常州苏新股份有限公司
支付货款	￥340000（亿千百十万千百十元角分）	账号：41622124711591
		开户行：中国工商银行常州市新北区支行

金额（大写）：人民币叁万肆仟元整　　　结算方式：电汇

| 总经理 | 孙武 | 财务部门 | 经理：苏卫红　会计：杨秋青 | 业务部门 | 经理：何忠保　经办人：徐丽 |

038　会计账务处理操作教程

中国建设银行
China Construction Bank

电汇凭证

币别：人民币　　　　　　年　月　日　　　　　流水号：38332649

汇款方式	□普通　□加急				
汇款人	全称		收款人	全称	
	账号			账号	
	汇出地点	省　市/县		汇入地点	省　市/县
汇出行名称			汇入行名称		
金额	（大写）		亿千百十万千百十元角分		

支付密码

附加信息及用途：

客户签章

第一联　银行记账凭证

会计主管：　　　　授权：　　　　复核：　　　　录入：

（七）增值税发票

（1）适用范围：增值税纳税人销售货物和提供加工、修理修配劳务等时使用。增值税发票可分为增值税专用发票和增值税普通发票。

（2）增值税专用发票填制。

范例业务13　2020-07-20，徐州味丰食品有限公司销售商品一批，请根据销售单以会计环唯一身份填制增值税专用发票。

销 售 单

购货单位：东方小学教育服务有限公司　　地址和电话：江苏省扬州市江都区宋力衔张涛路39号 0514-39769639　　单据编号：XS034
纳税人识别号：913210128454577015　　开户行及账号：中国建设银行扬州市江都区支行 41622124802642　　制单日期：2020-07-20

编码	产品名称	规格	单位	单价	数量	金额	备注
A1001	黄桃罐头		瓶	31.64	600	18 984.00	含税价
合计	人民币（大写）：壹万捌仟玖佰捌拾肆元整				—	￥18 984.00	

销售经理：钟国钊　　经手人：赵爱东　　会计：环唯一　　签收人：

合计联

江苏省增值税专用发票

No.01794261
3203161140
01794273

此联不作报销抵扣税凭证使用

开票日期：2020 年 07 月 20 日

购买方	名称	东方小学教育服务有限公司	密码区	61＊3187<4/+0330<+95-59+7<004 4142<0-->>-6>525<465985->7＊7 87＊3187<4/+8490<+75968882098 5+<712/<1+9016>6311++>84>533
	纳税人识别号	913210128454577015		
	地址、电话	江苏省扬州市江都区宋力街张涛路39号 0514-39769639		
	开户行及账号	中国建设银行扬州市江都区支行 41622124802642		

货物及应税劳务、服务的名称	规格型号	单位	数量	单价	金额	税率	税额
黄桃罐头		瓶	600	28.00	16 800.00	13%	2 184.00
合计					￥16 800.00		￥2 184.00

价税合计（大写）	⊗壹万捌仟玖佰捌拾肆元整	（小写）￥18 984.00

销售方	名称	徐州味丰食品有限公司	备注	
	纳税人识别号	913203115094633652		
	地址、电话	江苏省徐州市泉山区湖北路24号 0516-89315462		
	开户行及账号	中国建设银行徐州市泉山区支行 412903171 15267		

收款人： 复核： 开票人：环唯一 销售方（章）

税总函[XXXX]XXX号 XXXXXX公司 第一联：记账联 销售方记账凭证

江苏省增值税专用发票

No.01794261
3203161140
01794273
开票日期：2020 年 07 月 20 日

购买方	名　称：	东方小学教育服务有限公司	密码区	61＊3187<4/+0330<+95-59+7<004 4142<0-->>-6>525<465985->7＊7 87＊3187<4/+8490<+75968882098 5+<712/<1+9016>6311++>84>533
	纳税人识别号：	913210128454577015		
	地　址、电话：	江苏省扬州市江都区宋力街张涛路39号　0514-39769639		
	开户行及账号：	中国建设银行扬州市江都区支行 41622124802642		

货物及应税劳务、服务的名称	规格型号	单位	数量	单价	金额	税率	税额
黄桃罐头		瓶	600	28.00	16 800.00	13%	2 184.00
合　计					¥16 800.00		¥2 184.00

价税合计（大写）	⊗壹万捌仟玖佰捌拾肆元整	（小写）¥18 984.00

销售方	名　称：	徐州味丰食品有限公司	备注	（发票专用章） 徐州味丰食品有限公司 913203114936700243
	纳税人识别号：	913203115094633652		
	地　址、电话：	江苏省徐州市泉山区湖北路24号 0516-89315462		
	开户行及账号：	中国建设银行徐州市泉山区支行 41290317115267		

收款人：　　　复核：　　　开票人：环唯一　　　销售方（章）

备注：增值税专用发票一式三联，填写内容一致，第二、三联加盖公司发票专用章。

练习业务 13　2020-07-14，徐州信合家具有限责任公司销售商品一批，请根据销售单以会计杨秋青身份填制增值税专用发票。

销　售　单

购货单位：扬州日报社　　地址和电话：江苏省扬州市江都区杨彦街弘政路01号 0514-31407779　　单据编号：XS052
纳税人识别号：913210128786433556　　开户行及账号：中国建设银行扬州市江都区支行 41622124794363　　制单日期：2020-07-14

编码	产品名称	规格	单位	单价	数量	金额	备注
SF1001	沙发		个	452.00	50	22 600.00	含税价
合　计	人民币（大写）：贰万贰仟陆佰元整				—	¥22 600.00	

销售经理：杨欣雨　　经手人：钱惜南　　会计：杨秋青　　签收人：

	3203161140	江苏省增值税专用发票	No. 21794273	3203161140
		此联不作报销 抵税凭证使用	开票日期：	01794273

购买方	名　　　称：		密码区	10＊3187<4/＋5624<＋95-59＋7<306 8842<0-->>-6>525<174697->7＊7 87＊3187<4/＋8490<＋96854129417 2＋<712/<1＞9016>0191＋＋>84>573
	纳税人识别号：			
	地　址、电　话：			
	开户行及账号：			

货物及应税劳务、服务的名称	规格型号	单位	数量	单价	金额	税率	税额
合　　计							

价税合计（大写）	⊗		（小写）

销售方	名　　　称：		备注	
	纳税人识别号：			
	地　址、电　话：			
	开户行及账号：			

收款人：　　　复核：　　　开票人：杨秋青　　　销售方（章）

第一联：记账联　销售方记账凭证

（3）增值税普通发票填制。

范例业务14　2020-07-21，徐州味丰食品有限公司销售库存商品一批，请根据销售单以会计环唯一身份填制增值税普通发票。

销　售　单

购货单位：北京好味酒店有限公司	地址和电话：北京市东城区边有街封贸路51号 010-60384626	单据编号：XS035
纳税人识别号：91110101488332433	开户行及账号：中国建设银行北京市东城区支行 41622124397995	制单日期：2020-07-21

编码	产品名称	规格	单位	单价	数量	金额	备注
A1001	黄桃罐头		瓶	31.64	100	3 164.00	含税价
合　计	人民币（大写）：叁仟壹佰陆拾肆元整				—	￥3 164.00	

销售经理：钟国剑　　　经手人：赵爱东　　　会计：环唯一　　　签收人：

江苏省增值税普通发票

No. 36098152

032031611402
36098152

校验码 82865 61578 12213 88691

开票日期：2020 年 07 月 21 日

购买方	名称：北京好味酒店有限公司 纳税人识别号：911101014883332433 地址、电话：北京市东城区边有街封贸路51号 010-60384626 开户行及账号：中国建设银行北京市东城区支行 41622124397995	密码区	06＊3187<4/+8450<+95-59+7<632 1529<0-->>-6>525<592556->7＊7 87＊3187<4/+8490<+00280466079 8+<712/<1+9016>2193++>84>524
货物及应税劳务、服务的名称	规格型号	单位	数量	单价	金额	税率	税额
黄桃罐头		瓶	100	28.00	2 800.00	13%	364.00
合　　计					￥2 800.00		￥364.00
价税合计（大写）	⊗叁仟壹佰陆拾肆元整				（小写）￥3 164.00		
销售方	名称：徐州味丰食品有限公司 纳税人识别号：913203115094633652 地址、电话：江苏省徐州市泉山区湖北路24号 0516-89315462 开户行及账号：中国建设银行徐州市泉山区支行 41290317115267	备注	

收款人：　　复核：　　开票人：环唯一　　销售方（章）

第一联：记账联　销售方记账凭证

江苏省增值税普通发票

No. 36098152

032031611402
36098152

校验码 82865 61578 12213 88691

开票日期：2020 年 07 月 21 日

购买方	名称：北京好味酒店有限公司 纳税人识别号：911101014883332433 地址、电话：北京市东城区边有街封贸路51号 010-60384626 开户行及账号：中国建设银行北京市东城区支行 41622124397995	密码区	06＊3187<4/+8450<+95-59+7<632 1529<0-->>-6>525<592556->7＊7 87＊3187<4/+8490<+00280466079 8+<712/<1+9016>2193++>84>524
货物及应税劳务、服务的名称	规格型号	单位	数量	单价	金额	税率	税额
黄桃罐头		瓶	100	28.00	2 800.00	13%	364.00
合　　计					￥2 800.00		￥364.00
价税合计（大写）	⊗叁仟壹佰陆拾肆元整				（小写）￥3 164.00		
销售方	名称：徐州味丰食品有限公司 纳税人识别号：913203115094633652 地址、电话：江苏省徐州市泉山区湖北路24号 0516-89315462 开户行及账号：中国建设银行徐州市泉山区支行 41290317115267	备注	徐州味丰食品有限公司 913203114936700243 发票专用章

收款人：　　复核：　　开票人：环唯一　　销售方（章）

第二联：发票联　购买方记账凭证

备注：增值税专用发票一式三联，填写内容一致，第二联加盖公司发票专用章。

练习业务 14　2020-07-15,徐州信合家具有限责任公司销售库存商品一批,请根据销售单以会计杨秋青身份填制增值税普通发票。

销 售 单

购货单位:七天酒店有限公司　　地址和电话:江苏省南京市栖霞区湖里街前埔路87号 025-47008274　　单据编号:XS053
纳税人识别号:913201134595521284　　开户行及账号:中国建设银行南京市栖霞区支行 41622124114691　　制单日期:2020-07-15

编码	产品名称	规格	单位	单价	数量	金额	备注
SF1001	沙发		个	452.00	200	90 400.00	含税价
合　计	人民币(大写):玖万零肆佰元整			—		￥90 400.00	

销售经理:杨欣雨　　经手人:钱惜南　　会计:杨秋青　　签收人:

江苏省增值税普通发票

032031611402　　No.2179285　　032031611402　　36098152
校验码 09033 01264 26719 35774　　开票日期:

购买方	名　　称:				密码区	79*3187<4/+7885<+95-59+7<010 1812<0-->>-6>525<118064->7*7 87*3187<4/+8490<+86366360300 4+<712/<1+9016>0266++>84>065		
	纳税人识别号:							
	地址、电话:							
	开户行及账号:							
货物及应税劳务、服务的名称	规格型号	单位	数量	单价	金额		税率	税额
合　计								
价税合计(大写)	⊗				(小写)			
销售方	名　　称:				备注			
	纳税人识别号:							
	地址、电话:							
	开户行及账号:							

收款人:　　复核:　　开票人:杨秋青　　销售方(章)

(八)收料单

(1)适用范围:企业原材料(含周转材料)入库时使用。
(2)收料单填制。

范例业务 15　2020-07-22,连云港通江有限公司邱长江交来材料编号为A2001的白砂糖400千克,仓管员王颖宏实收白砂糖400千克,请填制收料单。

收 料 单

供应单位：连云港通江有限公司　　2020年07月22日　　编号：SL064

材料编号	名称	单位	规格	数量		实际成本			
				应收	实收	单价	发票价格	运杂费	总价
A2001	白砂糖	千克		400	400				
备注：									

收料人：王颖宏　　　　　　　　　　交料人：邱长江

第一联　存根联

收 料 单

供应单位：连云港通江有限公司　　2020年07月22日　　编号：SL064

材料编号	名称	单位	规格	数量		实际成本			
				应收	实收	单价	发票价格	运杂费	总价
A2001	白砂糖	千克		400	400				
备注：									

收料人：王颖宏　　　　　　　　　　交料人：邱长江

第二联　记账联

收 料 单

供应单位：连云港通江有限公司　　2020年07月22日　　编号：SL064

材料编号	名称	单位	规格	数量		实际成本			
				应收	实收	单价	发票价格	运杂费	总价
A2001	白砂糖	千克		400	400				
备注：									

收料人：王颖宏　　　　　　　　　　交料人：邱长江

第三联　交料人留存

备注：收料单一式三联，所有联次填写内容一致。

练习业务 15　2020-07-16，无锡正丰有限公司刘菲立交来材料编号为 M1001 的木板 1 000 米，仓管员王颖实收木板 1 000 米，请填制收料单。

江苏省增值税专用发票（抵扣联）

3202161140　No.13586395　开票日期：2020 年 07 月 16 日

购买方：
- 名称：徐州信合家具有限责任公司
- 纳税人识别号：913203032067927153
- 地址、电话：江苏省徐州市云龙区李志街王新路 22 号　0516-07835210
- 开户行及账号：中国建设银行徐州市云龙区支行　41968261742199

密码区：
45＊3187<4/+1784<+95-59+7<132
1682<0-->>-6>525<312359->7＊7
87＊3187<4/+8490<+00827007710
6+<712/<1+9016>5547++>84>167

货物及应税劳务、服务的名称	规格型号	单位	数量	单价	金额	税率	税额
木板		米	1 000	130.00	130 000.00	13%	16 900.00
合计					¥130 000.00		¥16 900.00

价税合计（大写）：⊗壹拾肆万陆仟玖佰元整　（小写）¥146 900.00

销售方：
- 名称：无锡正丰有限公司
- 纳税人识别号：913202118116709194
- 地址、电话：江苏省无锡市滨湖区王新街刻永路 10 号　0510-50562066
- 开户行及账号：中国建设银行无锡市滨湖区支行　41622124743077

备注：无锡正丰有限公司　913202118116709194　发票专用章

收款人：　复核：　开票人：姚秀敏　销售方（章）

第二联：抵扣联　购买方扣税凭证

江苏省增值税专用发票（发票联）

3202161140　No.13586395　开票日期：2020 年 07 月 16 日

购买方：
- 名称：徐州信合家具有限责任公司
- 纳税人识别号：913203032067927153
- 地址、电话：江苏省徐州市云龙区李志街王新路 22 号　0516-07835210
- 开户行及账号：中国建设银行徐州市云龙区支行　41968261742199

密码区：
45＊3187<4/+1784<+95-59+7<132
1682<0-->>-6>525<312359->7＊7
87＊3187<4/+8490<+00827007710
6+<712/<1+9016>5547++>84>167

货物及应税劳务、服务的名称	规格型号	单位	数量	单价	金额	税率	税额
木板		米	1 000	130.00	130 000.00	13%	16 900.00
合计					¥130 000.00		¥16 900.00

价税合计（大写）：⊗壹拾肆万陆仟玖佰元整　（小写）¥146 900.00

销售方：
- 名称：无锡正丰有限公司
- 纳税人识别号：913202118116709194
- 地址、电话：江苏省无锡市滨湖区王新街刻永路 10 号　0510-50562066
- 开户行及账号：中国建设银行无锡市滨湖区支行　41622124743077

备注：无锡正丰有限公司　913202118116709194　发票专用章

收款人：　复核：　开票人：姚秀敏　销售方（章）

第三联：发票联　购买方记账凭证

收 料 单

供应单位：　　　　　　　　　年　月　日　　　　　　　　编号：SL051

材料编号	名　称	单位	规格	数量		实际成本			
				应收	实收	单价	发票价格	运杂费	总　价

备注：

收料人：　　　　　　　　　　　　　　　　　交料人：

第一联　存根联

（九）领料单

（1）适用范围：企业领用原材料（含周转材料）时使用。

（2）领料单填制。

范例业务 16　2020-07-23，生产部门刘泽军领用材料编号为 A2001 的白砂糖 260 千克用于生产产品，仓管员王颖宏实发白砂糖 260 千克，请填制领料单。

领　料　单

领料部门：生产部门

用　途：生产产品　　　　2020 年 07 月 23 日　　　　编号：LL114

材料编号	名　称	规　格	计量单位	请领数量	实发数量	备　注
A2001	白砂糖		千克	260	260	

领料人：刘泽军　　　　　　　　　　　发料人：王颖宏

第一联　存根联

领 料 单

领料部门：生产部门
用　途：生产产品　　　　2020年07月23日　　　　　　　编号：LL114

材料编号	名　称	规　格	计量单位	请领数量	实发数量	备　注
A2001	白砂糖		千克	260	260	

领料人：刘泽军　　　　　　　　　　发料人：王颖宏

第二联　领料人留存联

领 料 单

领料部门：生产部门
用　途：生产产品　　　　2020年07月23日　　　　　　　编号：LL114

材料编号	名　称	规　格	计量单位	请领数量	实发数量	备　注
A2001	白砂糖		千克	260	260	

领料人：刘泽军　　　　　　　　　　发料人：王颖宏

第三联　记账联

备注：领料单一式三联，所有联次填写内容一致。

练习业务16　2020-07-18，生产部门高歌领用材料编号为M1001的木板300米用于生产产品，仓管员王颖实发木板300米，请填制领料单。

领 料 单

领料部门：
用　途：　　　　　　　　　年　月　日　　　　　　　编号：LL142

材料编号	名　称	规　格	计量单位	请领数量	实发数量	备　注

领料人：　　　　　　　　　　　　　发料人：

第一联　存根联

（十）借款单

（1）适用范围：单位职工向企业借款时使用。

（2）借款单填制。

范例业务 17　2020-07-24，销售门市部员工赵爱国向公司预借差旅费 2 000 元，请以借款人的身份填制个人借款单。

借款单
2020 年 07 月 24 日　　　　　　　　NO.02857

借款人：赵爱国	所属部门：销售门市部
借款用途：预借差旅费	
借款金额：人民币（大写）贰仟元整　　　￥2 000.00	
部门负责人审批：	借款人（签章）：赵爱国
财务部门审核：	
单位负责人批示：	签字：
核销记录：	

第一联　付款联（付款人记账）

借款单
2020 年 07 月 24 日　　　　　　　　NO.02857

借款人：赵爱国	所属部门：销售门市部
借款用途：预借差旅费	
借款金额：人民币（大写）贰仟元整　　　￥2 000.00	
部门负责人审批：	借款人（签章）：赵爱国
财务部门审核：	
单位负责人批示：	签字：
核销记录：	

第二联　结算联（结算后记账）

借款单
2020 年 07 月 24 日　　　　　　　　NO.02857

借款人：赵爱国	所属部门：销售门市部
借款用途：预借差旅费	
借款金额：人民币（大写）贰仟元整　　　￥2 000.00	
部门负责人审批：	借款人（签章）：赵爱国
财务部门审核：	
单位负责人批示：	签字：
核销记录：	

第三联　回执联（结算后交借款人留存）

备注：借款单一式三联，所有联次填写内容一致。

项目一　原始凭证填制

练习业务 17　2020-07-20,采购部职员郑凯向公司预借差旅费 3 000 元,请以借款人的身份填制个人借款单。

借款单

年　　月　　日　　　　　　　　NO.01943

借款人：	所属部门：
借款用途：	
借款金额：人民币(大写)	_____
部门负责人审批：	借款人(签章)：
财务部门审核：	
单位负责人批示：	签字：
核销记录：	

第一联　付款联(付款人记账)

(十一) 收款收据

(1) 适用范围：单位收取其他单位或个人款项时使用。
(2) 收款收据填制。

范例业务 18　2020-07-25,收到南通天天物流有限公司(经手人:刘宗利)交来废品款 680 元,请填制收款收据。(交款方式:现金)

收 款 收 据

2020 年 07 月 25 日　　　　　　　NO.00820

今收到　南通天天物流有限公司
交来：废品款
金额(大写)　零佰　零拾　零万　零仟　陆佰　捌拾　零元　零角　零分
¥ 680.00　　☑现金　□转账支票　□其他　　收款单位(盖章)

核准：　　会计：　　记账：　　出纳：苏建朝　　经手人：刘宗利

第一联　存根联

收 款 收 据

2020 年 07 月 25 日　　　　　　　NO.00820

今收到　南通天天物流有限公司
交来：废品款
金额(大写)　零佰　零拾　零万　零仟　陆佰　捌拾　零元　零角　零分
¥ 680.00　　☑现金　□转账支票　□其他　　收款单位(盖章)[滁州味丰食品有限公司财务专用章]

核准：　　会计：　　记账：　　出纳：苏建朝　　经手人：刘宗利

第二联　交对方

收款收据

2020 年 07 月 25 日　　　　　　　　　NO.00820

今收到 _南通天天物流有限公司_

交来：_废品款_

金额(大写) 零佰　零拾　零万　零仟　陆佰　捌拾　零元　零角　零分

¥ _680.00_　　☑现金　□转账支票　□其他

【现金收讫】

单位(盖章)

第三联　交财务

核准：　　会计：　　记账：　　出纳：_苏建朝_　　经手人：_刘宗利_

备注：收款收据一式三联，所有联次填写内容一致。第二联加盖公司财务专用章，第三联加盖现金收讫章。

练习业务 18　2020-07-22，收到刘平一交来废品款 600 元，请填制收款收据。（交款方式：现金）

收款收据

年　月　日　　　　　　　　　NO.00640

今收到 _____

交来：_____

金额(大写)　　佰　拾　万　仟　佰　拾　元　角　分

¥ _____　□现金　□转账支票　□其他

收款单位(盖章)

第一联　存根联

核准：　　会计：　　记账：　　出纳：　　经手人：

(十二) 差旅费报销单

(1) 适用范围：单位职工出差回来报销差旅费时使用。

(2) 差旅费报销单填制。

范例业务 19　2020-07-26，采购部王群忠外出洽谈业务归来报销差旅费，请以报销人的身份根据背景单据填制差旅费报销单。（备注：报销人签章请用经办人的签章，住勤费每天补贴 100 元）

差旅费报销单

2020 年 07 月 26 日   附原始单据 4 张

姓名	王群忠		工作部门	采购部				出差事由	洽公				
日期		地点		车船费			深夜补贴	途中补贴	住勤费			旅馆费	公交费	金额合计
起	讫	起	讫	车次或船名	时间	金额			地区	天数	补贴			
20200724	20200725	徐州市	常州市	高铁		418.00			常州市	2	200.00	240.00		

报销金额（大写）人民币　捌佰伍拾捌元整　　　　合计（小写）¥858.00

补付金额：　　　　　　　　　　退回金额：

领导批准：　　会计主管：　　部门负责人：　　审核：　　报销人：王群忠

江苏省增值税专用发票 （抵扣联）

No.02244188
3204161140
02244188
开票日期：2020年07月25日

购买方	名称：徐州味丰食品有限公司 纳税人识别号：913203115094633652 地址、电话：江苏省徐州市泉山区湖北路24号 0516-89315462 开户行及账号：中国建设银行徐州市泉山区支行 41290317115267	密码区	44*3184<4/+1149<+95-59+7<492 1068<0-->>-6>525<229422->7*7 87*3187<4/+8490<+29725243720 7+<712/<1+9016>5908++>84>486

货物及应税劳务、服务的名称	规格型号	单位	数量	单价	金额	税率	税额
住宿费		天	1	226.42	226.42	6%	13.58
合计					¥226.42		¥13.58

价税合计（大写）：⊗ 贰佰肆拾元整　　（小写）¥240.00

销售方	名称：常来客酒店有限公司 纳税人识别号：913204053242015954 地址、电话：江苏省常州市戚墅堰区张猷街王建路94号 0519-40210027 开户行及账号：中国建设银行常州市戚墅堰区支行 41622124094266	备注	

收款人：　　复核：　　开票人：何书美　　销售方（章）

江苏省增值税专用发票 （发票联）

No.02244188
3204161140
02244188
开票日期：2020年07月25日

购买方	名称：徐州味丰食品有限公司 纳税人识别号：913203115094633652 地址、电话：江苏省徐州市泉山区湖北路24号 0516-89315462 开户行及账号：中国建设银行徐州市泉山区支行 41290317115267	密码区	44*3184<4/+1149<+95-59+7<492 1068<0-->>-6>525<229422->7*7 87*3187<4/+8490<+29725243720 7+<712/<1+9016>5908++>84>486

货物及应税劳务、服务的名称	规格型号	单位	数量	单价	金额	税率	税额
住宿费		天	1	226.42	226.42	6%	13.58
合计					¥226.42		¥13.58

价税合计（大写）：⊗ 贰佰肆拾元整　　（小写）¥240.00

销售方	名称：常来客酒店有限公司 纳税人识别号：913204053242015954 地址、电话：江苏省常州市戚墅堰区张猷街王建路94号 0519-40210027 开户行及账号：中国建设银行常州市戚墅堰区支行 41622124094266	备注	

收款人：　　复核：　　开票人：何书美　　销售方（章）

练习业务 19 2020-07-24，办公室李京书外出常州洽公归来报销差旅费，往返车票各 200 元，住宿费 210 元（报销标准每天 210 元），住勤费每天补助 100 元。请以报销人的身份根据背景单据填制差旅费报销单。

差旅费报销单

年　　月　　日　　　　　　　　　　　　　　　　　　　附原始单据　　张

姓名		工作部门					出差事由						
日期		地点		车船费			深夜补贴	途中补贴	住勤费			旅馆费	公交费	金额合计
起	讫	起	讫	车次或船名	时间	金额			地区	天数	补贴			
20200722	20200723	徐州市	常州市											

报销金额（大写）人民币　　　　　　　　　　　　　　　合计（小写）

补付金额：　　　　　　　　　　　　　　　退回金额：

领导批准：　　会计主管：　　部门负责人：　　审核：　　报销人：

江苏省增值税专用发票

第二联：抵扣联 购买方扣税凭证

No.73046651
3204161140
开票日期：2020年07月23日

购买方	名　　称：徐州信合家具有限责任公司 纳税人识别号：913203032067927153 地　址、电话：江苏省徐州市云龙区李志街王新路22号 0516-07835210 开户行及账号：中国建设银行徐州市云龙区支行 41968261742199	密码区	10*3187<4/+6926<+95-59+7<174 3659<0-->>-6>525<204228->7*7 87*3187<4/+8490<+41904747986 6+<712/<1+9016>1005++>84>089

货物及应税劳务、服务的名称	规格型号	单位	数量	单价	金额	税率	税额
住宿费		天	1	198.11	198.11	6%	11.89
合　计					¥198.11		¥11.89

价税合计（大写）	⊗ 贰佰壹拾元整	（小写）¥210.00

销售方	名　　称：常来客酒店有限公司 纳税人识别号：913204053242015954 地　址、电话：江苏省常州市戚墅堰区张献街王建路94号 0519-40210027 开户行及账号：中国建设银行常州市戚墅堰区支行 41622124094266	备注	（发票专用章） 常来客酒店有限公司 913204053242015954

收款人：　　　复核：　　　开票人：邢宏佩　　　销售方（章）

江苏省增值税专用发票

第三联：发票联 购买方记账凭证

No.73046651
3204161140
开票日期：2020年07月23日

购买方	名　　称：徐州信合家具有限责任公司 纳税人识别号：913203032067927153 地　址、电话：江苏省徐州市云龙区李志街王新路22号 0516-07835210 开户行及账号：中国建设银行徐州市云龙区支行 41968261742199	密码区	10*3187<4/+6926<+95-59+7<174 3659<0-->>-6>525<204228->7*7 87*3187<4/+8490<+41904747986 6+<712/<1+9016>1005++>84>089

货物及应税劳务、服务的名称	规格型号	单位	数量	单价	金额	税率	税额
住宿费		天	1	198.11	198.11	6%	11.89
合　计					¥198.11		¥11.89

价税合计（大写）	⊗ 贰佰壹拾元整	（小写）¥210.00

销售方	名　　称：常来客酒店有限公司 纳税人识别号：913204053242015954 地　址、电话：江苏省常州市戚墅堰区张献街王建路94号 0519-40210027 开户行及账号：中国建设银行常州市戚墅堰区支行 41622124094266	备注	（发票专用章） 常来客酒店有限公司 913204053242015954

收款人：　　　复核：　　　开票人：邢宏佩　　　销售方（章）

附：

差旅费报销标准

总体原则：对出差人员的补助费和市内交通费实行"包干使用，节约归己，超支不补"。
住宿费报销标准：210(元/天)。
交通费报销标准金额合计：400(元)。
住勤补贴标准：100(元/天)。

（一）住宿费报销办法
1. 出差人员的住宿费实行限额凭据报销的办法，按实际住宿的天数计算报销。
2. 住宿费标准一般指每天每间，若为同性二人同时出差，按一个房间的标准报支。

（二）交通费报销办法
1. 出差的行程路线须与出差申请单上标明的路线相符。不得绕行，违反规定的，其超出标准的金额由出差人员自行承担，并扣减多行走天数已计列的伙食补助和发生的其他费用，且多行走的天数按旷工处理。
2. 出差人员一般不得乘坐飞机，经批准才能乘坐飞机，其乘坐往返机场的专线客车费用可凭票报销，不在市内交通费的包干范围。

（十三）现金缴款单

（1）适用范围：企业将收到的现金交存银行时使用。
（2）现金缴款单填制。

范例业务20 2020-07-30，徐州味丰食品有限公司准备将收到的销售收入2 500.00元存入银行，请填制现金缴款单。

中国建设银行
China Construction Bank

现 金 缴 款 单

币别：人民币　　　　2020年07月30日　　　　流水号：829258

单位填写	收款单位	徐州味丰食品有限公司	交款人	徐州味丰食品有限公司										
	账号	41290317115267	款项来源	销售收入										
	（大写）贰仟伍佰元整				亿	千	百	十	万	千	百	十	元	角	分
										¥	2	5	0	0	0
银行确认栏				中国建设银行 徐州市泉山区支行 2020-07-30 办讫 (01)										
				现金回单（无银行打印记录及银行签章此单无效）										

第一联　银行记账凭证

复核：　　　　　录入：　　　　　出纳：

中国建设银行 China Construction Bank

现金缴款单

币别：人民币　　　　2020 年 07 月 30 日　　　　流水号：829258

单位填写	收款单位	徐州味丰食品有限公司	交款人	徐州味丰食品有限公司
	账　号	41290317115267	款项来源	销售收入

亿	千	百	十	万	千	百	十	元	角	分
				¥	2	5	0	0	0	0

（大写）贰仟伍佰元整

银行确认栏：

中国建设银行
徐州市泉山区支行
2020-07-30
办讫
（01）

现金回单（无银行打印记录及银行签章此单无效）

复核：　　　　录入：　　　　出纳：

第二联　客户回单

备注：现金缴款单一式两联，所有联次填写内容一致。

练习业务 20　　2020-07-30，徐州信合家具有限责任公司准备将收到的销售收入 6 780.00 元存入银行，请填制现金缴款单。

中国建设银行 China Construction Bank

现金缴款单

币别：　　　　　　年　月　日　　　　流水号：

单位填写	收款单位		交款人	
	账　号		款项来源	

亿	千	百	十	万	千	百	十	元	角	分

（大写）

银行确认栏：

现金回单（无银行打印记录及银行签章此单无效）

复核：　　　　录入：　　　　出纳：

第一联　银行记账凭证

项目一　原始凭证填制

项目二　记账凭证编制

项目描述

本项目主要介绍记账凭证编制的规范、要求和方法,通过分析一家小型企业一个月的业务,引导学生阅读会计政策,了解期初余额及总账、明细账的设置,分析原始凭证,进而编制记账凭证,理解原始凭证与记账凭证的关系。对本项目的学习有助于学生掌握记账凭证的编制规范和要求,提升分析原始凭证、审核原始凭证、编制记账凭证的能力。

学 习 目 标

1. 了解记账凭证的编制要求。
2. 了解记账凭证的编制方法。
3. 会分析原始凭证、审核原始凭证、编制记账凭证。

一、记账凭证的编制要求

(1) 记账凭证各项内容必须完整。

(2) 记账凭证应连续编号。记账凭证应由主管该项业务的会计人员按业务发生顺序并分门别类连续编号。如果一笔经济业务需要填制两张以上记账凭证,可以采用分数编号法编号,如 $2\frac{1}{3}, 2\frac{2}{3}, 2\frac{3}{3}$。

(3) 记账凭证的书写应清楚、规范。相关要求同原始凭证。

(4) 记账凭证可以根据每一张原始凭证填制,或根据若干张同类原始凭证汇总编制,也可以根据原始凭证汇总表填制;但不得将不同内容和类别的原始凭证汇总填制在一张记账凭证上。

(5) 除结账和更正错误的记账凭证可以不附原始凭证外,其他记账凭证必须附有原始凭证。所附原始凭证必须完整,并在记账凭证上注明原始凭证的张数,以便核对摘要及所编会计分录。如果一张原始凭证需要填制两张以上记账凭证,应在未附原始凭证的记账凭证上注明其原始凭证已附在某张记账凭证后,以便查阅。

(6) 填制记账凭证时若发生错误,应当重新填制。已登记入账的记账凭证在当年内发现填写错误时,可以用红字填写与原内容相同的记账凭证,在摘要栏注明"冲销某月某日某号凭证"字样,同时再用蓝字或黑字重新填制正确的记账凭证,注明"更正某月某日某号凭证"字样。如果会计科目没有错误,只是金额错误,也可将正确数字与错误数字之间的差额另外编制调整的记账凭证,调增金额用蓝字或黑字,调减金额用红字。发现以前年度记账凭证有错误的,应当用蓝字或黑字填制更正的记账凭证。

(7) 记账凭证的内容填制完整后,如果有空行,应当自金额栏最后一笔金额数字下的空行处至合计数上的空行处划线注销。

二、记账凭证的编制方法

会计人员编制记账凭证要严格按照规定的格式和内容进行,除必须做到记录真实、内容完整、填制及时、书写清楚之外,还必须符合下列要求:

(1) "摘要"栏是对经济业务内容的简要说明,文字说明要简练、概括,以满足登记账簿的要求。

(2) "科目"栏应当根据经济业务的内容,按照会计制度的规定,确定应借、应贷的科目。科目使用必须正确,不得随意改变、简化会计科目的名称,有关的二级科目或明细科目要填写齐全。记账凭证中,应借、应贷的账户必须保持清晰的对应关系。

(3) "金额"栏,一张记账凭证填制完毕,应按所使用的记账方法,加计合计数,以检查对应账户的平衡关系,做到"有借必有贷,借贷必相等"。

(4) 记账凭证必须连续编号,以便考查且避免凭证散失。

(5) 每张记账凭证都要注明附件张数,以便于日后查对。

(6) 记账凭证的签章要准确、清晰,以明确责任。

三、记账凭证的编制实例

在实务工作中,记账凭证一般是根据原始凭证的具体内容进行编制的,因此,对原始凭证的解读是编制记账凭证的关键。

下面以徐州味丰食品有限责任公司 2020 年 7 月发生的经济业务为例,详细说明原始凭证的解读及记账凭证的编制方法。

(一) 主体企业信息

(1) 企业名称:徐州味丰食品有限公司。
(2) 社会信用代码:913203115094633652。
(3) 企业地址:江苏省徐州市泉山区湖北路 24 号。
(4) 企业电话号码:0516-89315462。
(5) 企业增值税类型:一般纳税人。
(6) 预留银行印鉴:徐州味丰食品有限公司财务专用章和法定代表人私章。
(7) 基本户银行账号:41290317115267。
(8) 一般存款户账号:62915176712200。
(9) 记账本位币:人民币。
(10) 执行的会计准则:《企业会计准则》。

(二) 企业会计政策信息

(1) 徐州味丰食品有限公司是增值税一般纳税人。企业下设办公室、财务部、采购部、生产车间、销售门市部(专设销售机构),执行《企业会计准则》(新的金融工具、收入准则和新租赁准则)。公司对外报送财务报告的相关负责人如下:单位负责人为刘毅玮(法定代表人);主管会计工作的负责人为朱胜利(总经理);会计机构负责人为蔡风泉(财务经理)。

(2)会计期间:公司的会计期间分为年度和中期,会计年度为自公历1月1日起至12月31日止,中期包括月度、季度和半年度。

(3)公司以人民币为记账本位币。

(4)公司采用科目汇总表账务处理程序进行账务处理。公司主要生产黄桃罐头、草莓罐头,生产每件黄桃罐头需要耗用黄桃材料,生产每件草莓罐头需要耗用草莓材料。本月投产产品均按照生产耗用数量领用原材料,未发生损耗。

(5)产品成本计算采用品种法,设置直接材料、直接人工、制造费用三个成本项目。其中:

① 原材料在生产开始时一次性投入;共同耗用的材料采用产品产量比例分配法进行分配,分配率保留2位小数,尾差计入最后一个对象;存货发出采用月末一次加权平均法,分配率保留2位小数。

② 工资分配(不考虑个人扣款部分)采用实际生产工时进行分配,分配率保留2位小数,尾差计入最后一个对象。

③ 制造费用按生产工时比例法在各种产品之间分配,分配率保留2位小数,尾差计入最后一个对象。

④ 当月产品全部完工,无期初、期末在产品。

(6)固定资产不包括研发用固定资产。固定资产折旧采用年限平均法,净残值率为4%,折旧年限分别为:房屋及建筑物20年,生产设备10年,电子设备3年。折旧率保留4位小数(采用小数点的形式),月折旧额保留2位小数。

(7)借款利息按月计提,按季支付。

(8)企业适用的增值税税率为13%,企业取得的增值税专用发票已于当天在增值税发票综合服务平台确认发票用途,取得的海关进口增值税专用缴款书已于当天在增值税发票综合服务平台确认发票用途并取得回执。

(9)企业所得税税率为25%,采用查账征收方式,月度按实际利润额计算预缴企业所得税。

(三)期初资料

单位:元

科目代码	总账科目	明细科目	期初借方余额	期初贷方余额	单位	数量	备注
1001	库存现金		9 450.00				
1002	银行存款		134 649.23				
100201	银行存款	中国建设银行徐州市泉山区支行—41290317115267	124 288.63				
100202	银行存款	交通银行徐州市泉山区支行—62915176712200	10 360.60				
1122	应收账款						

续表

科目代码	总账科目	明细科目	期初借方余额	期初贷方余额	单位	数量	备注
1123	预付账款						
1221	其他应收款	柳德堂					
1402	在途物资						
140201	在途物资	黄桃					
140202	在途物资	草莓					
1403	原材料		37 500.00				
140301	原材料	黄桃	15 000.00		kg	1 500	
140302	原材料	草莓	22 500.00		kg	1 500	
1405	库存商品		181 800.00				
140501	库存商品	黄桃罐头	99 000.00		瓶	3 300	
140502	库存商品	草莓罐头	82 800.00		瓶	2 300	
1601	固定资产		256 000.00				
16010201	固定资产	生产设备——生产线	150 000.00				
16010401	固定资产	电子设备——格力空调	6 000.00				
14010501	固定资产	房屋及建筑物——厂房	100 000.00				
1602	累计折旧			1 760.20			
2001	短期借款	交通银行徐州市泉山区支行—合同号:52480					
2202	应付账款	无锡明辉机械制造有限责任公司					
2211	应付职工薪酬	工资		6 745.32			
2221	应交税费						
222101	应交税费	应交增值税——进项税额					
222107	应交税费	应交增值税——销项税额					
222121	应交税费	应交企业所得税					
222124	应交税费	应交城市维护建设税					
222125	应交税费	应交教育费附加					
222126	应交税费	应交地方教育附加					
2231	应付利息	短期借款——交通银行徐州市泉山区支行—合同号:52480					
4001	实收资本						
400101	实收资本	江苏省霍素君实业有限责任公司		300 000.00			
4002	资本公积						
4103	本年利润			310 893.71			
5001	生产成本						
50010101	生产成本	基本生产成本——黄桃——直接材料					

续表

科目代码	总账科目	明细科目	期初借方余额	期初贷方余额	单位	数量	备注
50010102	生产成本	基本生产成本——黄桃——直接人工					
50010103	生产成本	基本生产成本——黄桃——制造费用					
50010201	生产成本	基本生产成本——草莓——直接材料					
50010202	生产成本	基本生产成本——草莓——直接人工					
50010203	生产成本	基本生产成本——草莓——制造费用					
5101	制造费用						
510101	制造费用	折旧费					
510102	制造费用	工资					
6001	主营业务收入						
600101	主营业务收入	商品销售收入——黄桃罐头					
600102	主营业务收入	商品销售收入——草莓罐头					
6051	其他业务收入	出租无形资产收入					
6401	主营业务成本						
640101	主营业务成本	商品销售成本——黄桃罐头					
640102	主营业务成本	商品销售成本——草莓罐头					
6601	销售费用						
6602	管理费用						
660201	管理费用	工资					
660202	管理费用	折旧费					
660203	管理费用	差旅费					
660204	管理费用	业务招待费					
6603	财务费用	利息支出					
6403	税金及附加						
640301	税金及附加	城市维护建设税					
640302	税金及附加	教育费附加					
640303	税金及附加	地方教育附加					
6801	所得税费用	当期所得税费用					

（四）经济业务解读及记账凭证的编制

【业务1】 2020-07-01，取得原始凭证1张。

1-1

借 款 借 据

单位编号：15456832　　借款日期 2020 年 07 月 01 日　　合同编号：52480

收款单位	名　称	徐州味丰食品有限公司	借款单位	名　称	徐州味丰食品有限公司
	结算户账号	62915176712200		贷款户账号	62741920620523
	开户银行	交通银行徐州市泉山区支行		开户银行	交通银行徐州市泉山区支行

借款金额	人民币壹拾万元整	亿千百十万千百十元角分
		￥ 1 0 0 0 0 0 0 0

借款原因及用途	流动资金不足借款	批准借款利率	年息 6.00%

借款期限

期次	计划还款日期	✓	计划还款金额
1	2020-10-01		100 000
2			
3			

备注：

你单位上列借款，已转入你单位结算户内。借款到期时由我行按期自你单位结算户转还

此致
转讫（01）

（银行签章）

此联由银行退借款单位作入账通知

上述 1-1 是借款借据的入账通知，此联应作为借款单位借入款项的记账依据。公司借入的款项为流动资金不足借款，借款日期为 2020 年 7 月 1 日，计划还款日期为 2020 年 10 月 1 日，这表明本公司向交通银行借入了期限为 3 个月、年利率为 6% 的短期借款。

因此，该笔业务应填制如下记账凭证：

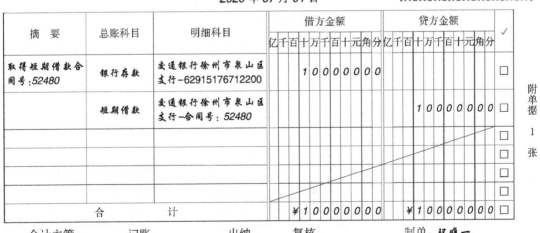

项目二　记账凭证编制　063

【业务2】 2020-07-01,取得原始凭证2张。

2-1

中国建设银行客户专用回单

币别:人民币 2020年07月01日 流水号:320220027J0500810093

付款人	全称	无锡华香酒店有限公司	收款人	全称	徐州味丰食品有限公司
	账号	41655154571543		账号	41290317115267
	开户行	交通银行无锡市梁溪区支行		开户行	中国建设银行徐州市泉山区支行

金额	(大写)人民币壹拾万元整	(小写)¥100 000.00
凭证种类	电汇凭证	凭证号码
结算方式	电汇	用途 投资款

汇划日期:2020-07-01 汇划款项编号:73068063
报文顺序号:60464747 汇出行行号:301186649904655 打印柜员:320225584257
汇出行行名:交通银行无锡市梁溪区支行 打印机构:中国建设银行徐州市泉山区支行
业务类型:0060 原凭证金额:0.00
原凭证种类:0703 原凭证号码: 打印卡号:41655154571543
附言:

打印时间:2020-07-01 交易柜员:320225584257 交易机构:320230151

第二联 贷方(回单)

(盖章:中国建设银行徐州市泉山区支行 电子回单专用章)

2-2

股东会决议(增资)

经全体股东审议,将本公司注册资本由300 000.00元增加至400 000.00元,一致通过如下决议:
一、增资股东身份情况
(略)
二、增资股东出资情况

股东名称	认缴新增注册资本(元)	认缴比例	实际出资金额(元)	实际出资额占全体股东出资	出资到位日期	出资方式
无锡华香酒店有限责任公司	100 000.00	25%	100 000.00	25%	2020-07-01	货币资金

三、增资后各股东持股比例

股东名称	实际出资情况			
	变更前		变更后	
	金额(元)	所占份额	金额(元)	所占份额
无锡华香酒店有限责任公司	0.00	0%	100 000.00	25%
江苏省霍素君实业有限责任公司	300 000.00	100%	300 000.00	75%

续表

股东名称	实际出资情况			
	变更前		变更后	
	金额(元)	所占份额	金额(元)	所占份额

股东代表签字：王艳霞

2020 年 07 月 01 日

上述原始凭证中：

2-1 是中国建设银行客户专用回单的贷方回单,此联应作为收款方收到款项的记账依据。该原始凭证注明,收款人是本公司,表明本公司已收到了款项,同时,用途栏内说明是"投资款"。

2-2 是股东会增资决议,此决议应作为本公司收到投资的记账依据。该原始凭证的内容表明,本公司收到货币资金投资 100 000.00 元。

因此,该笔业务应填制如下记账凭证：

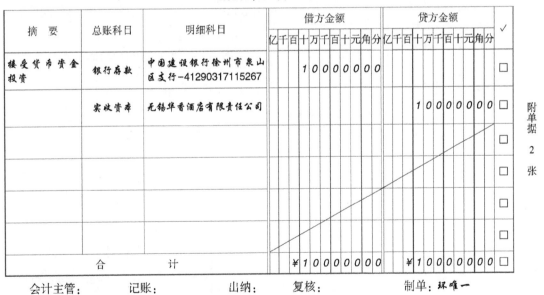

【业务3】 2020-07-03,取得原始凭证 1 张。

3-1

上述原始凭证3-1是中国建设银行现金支票存根,应作为付款方支付款项的记账依据。该原始凭证表明本公司已将款项从其银行账户划出,并且收款人是本公司,用途是备用金,这表明公司已提取现金。

因此,该笔业务应填制如下记账凭证:

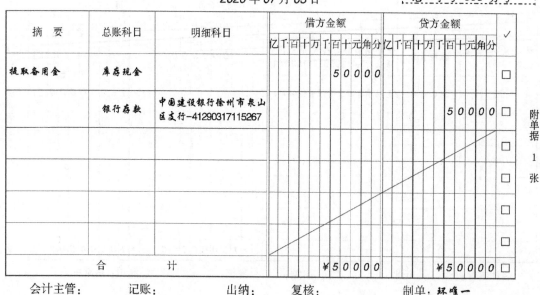

【业务4】 2020-07-05,取得原始凭证1张。

4-1

借款单

2020 年 07 月 05 日　　　　　　　　　　NO.02194

借款人：柳德堂	所属部门：采购部
借款用途：预借差旅费	
借款金额：人民币(大写)壹仟伍佰元整	￥1 500.00　现金付讫
部门负责人审批：白洁	借款人(签章)：柳德堂
财务部门审核：蔡凤泉	
单位负责人批示：同意	签字：朱胜利
核销记录：	

第一联　付款联(付款人记账)

上述原始凭证4-1是借款单的第一联付款联,此联应作为付款方支付款项的记账依据。该原始凭证表明本公司采购部职工柳德堂预借了差旅费;同时,该凭证上盖有"现金付讫"章,这表明该款项已用现金支付。

因此,该笔业务应填制如下记账凭证:

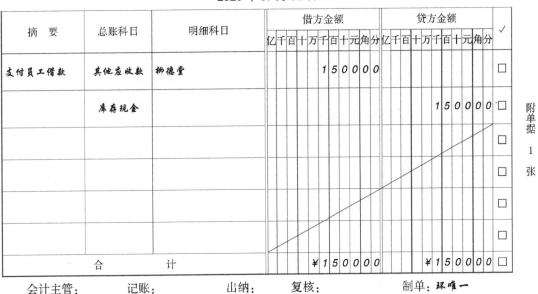

【业务5】 2020-07-11,取得原始凭证6张。

5-1

差旅费报销单

2020 年 07 月 11 日 附原始单据 3 张

姓名	柳德堂			工作部门	采购部			出差事由	洽谈公务			
日期		地点		车船费			深夜补贴	途中补贴	住勤费			旅馆费	公交费	金额合计
起	讫	起	讫	车次或船名	时间	金额			地区	天数	补贴			
20200708	20200710	徐州市	南京市	高铁		299.00				3	300.00	600.00		1 199.00

现金付讫

报销金额(大写)人民币 壹仟壹佰玖拾玖元整 合计(小写) ¥1 199.00

补付金额： 退回金额：¥301.00

领导批准：朱胜利 会计主管：蔡凤泉 部门负责人：白洁 审核：蔡凤泉 报销人：柳德堂

5-2

5-3

5-4

江苏省增值税普通发票

3201188140　　　　　　　　　　　　　　　No.87210917　　　3201188140
　　　　　　　　　　　　　　　　　　　　　　　　　　　　　　87210917
　　　　　　　　　　　　　　　　　　　开票日期：2020 年 07 月 10 日

购买方	名　称	徐州味丰食品有限公司	密码区	27＊3187<4/+9749<+95-59+7<4180721<0-->>-6>525>226588->7＊787＊3187<4/+8490<-+673465524971+<712/<1+9016>3427++>84>416<+95-59+7<3744794<0-->>-6>
	纳税人识别号	913203115094633652		
	地址、电话	江苏省徐州市泉山区湖北路24号 0516-89315462		
	开户行及账号	中国建设银行徐州市泉山区支行 41290317115267		

货物及应税劳务、服务的名称	规格型号	单位	数量	单价	金额	税率	税额
"住宿服务"住宿费		间	2	291.26	582.82	3%	17.48
合　计					¥582.52		¥17.48

| 价税合计（大写） | ⊗ 陆佰元整 | （小写）¥600.00 |

销售方	名　称	南京市齐伟酒店有限责任公司	备注	（发票专用章）
	纳税人识别号	913201025326568432		
	地址、电话	江苏省南京市玄武区李瑞街宋玉路15号 025-39922914		
	开户行及账号	中国工商银行南京市玄武区支行 41251789400476		

收款人：　　　　复核：　　　　开票人：张莉　　　　销售方（章）

5-5

收款收据

2020 年 07 月 11 日　　　　　　　　　　NO.0098

今收到　柳德堂
交由　退还差旅费多余款　　　　　　　　　　现金付讫
金额（大写）　零佰　零拾　零万　零仟　叁佰　零拾　壹元　零角　零分
¥ 301.00　　☑现金　□转账支票　□其他　　收款单位（盖章）

核准：　　会计：　　记账：　　出纳：邱素云　　经手人：柳德堂

5-6

借款单

2020 年 07 月 05 日　　　　　　　　　　NO.02194

借款人：柳德堂	所属部门：采购部
借款用途：出差借款	
借款金额：人民币（大写）壹仟伍佰元整	¥1 500.00
部门负责人审批：白洁	借款人（签章）：柳德堂
财务部门审核：蔡风泉	
单位负责人批示：同意	签字：朱胜利
核销记录：收回差旅费多余借款301.00元	

上述原始凭证中:

5-1 是差旅费报销单,此单应作为本公司确认费用的记账依据。该原始凭证表明采购部门职工柳德堂出差回来报销了差旅费 1 199 元。进行会计核算时,报销金额应记入"管理费用——差旅费"科目的借方。

5-2、5-3 是动车票。根据财政部、税务总局、海关总署《关于深化增值税改革有关政策的公告》(2019 年第 39 号),纳税人购进国内旅客运输服务,其进项税额允许从销项税额中抵扣,取得注明旅客身份信息的铁路车票的,为按照下列公式计算的进项税额:铁路旅客运输进项税额=票面金额÷(1+9%)×9%。

5-4 是江苏省增值税普通发票的第二联发票联,此联应作为购买方的记账依据。该原始凭证是住宿费发票。因其是普通发票,购货方不能抵扣进项税额,所以应将其价税合计金额计入"管理费用——差旅费"。

5-5 是收款收据的第三联,此联应作为收款方收到款项的记账依据。该原始凭证表明本公司已收到采购部门职工柳德堂报销差旅费时退回的现金。

5-6 是借款单的第二联结算联,此联应作为本公司结算借款时的记账依据。该原始凭证注明的内容表明,柳德堂已于 7 月 11 日结清其预借的差旅费。

因此,该笔业务应填制如下记账凭证:

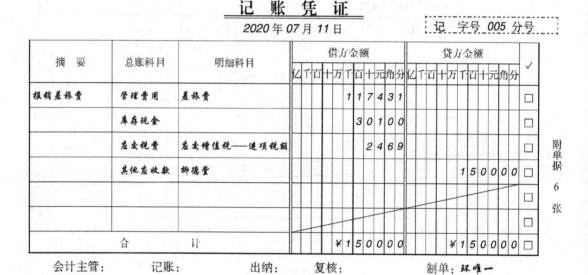

【业务 6】 2020-07-11,取得原始凭证 2 张。

6-1

江苏省增值税专用发票

3202183140 No.37962260 3202183140 37962260

开票日期：2020年07月11日

购买方	名　　　称：	徐州味丰食品有限公司
	纳税人识别号：	913203115094633652
	地　址、电话：	江苏省徐州市泉山区湖北路24号 0516-89315462
	开户行及账号：	中国建设银行徐州市泉山区支行 41290317115267

密码区：
56*3187<4/+1947<+95-59+7<3436442<0-->>-6>525<725010->7*787*3187<4/+8490<+581796529103<+712/<1+9016>3158+>84>379<+95-59+7<3476414<0-->>-6

货物及应税劳务、服务的名称	规格型号	单位	数量	单价	金额	税率	税额
草莓		kg	700	15	10 500.00	13%	1 365.00
合　计					¥10 500.00		¥1 365.00

价税合计（大写）：⊗壹万壹仟捌佰陆拾伍元整　　　（小写）¥11 865.00

销售方	名　　　称：	无锡明辉机械制造有限责任公司
	纳税人识别号：	913202024117750741
	地　址、电话：	江苏省无锡市梁溪区孔凡街彭亚路65号 0510-96672826
	开户行及账号：	中国建设银行无锡市梁溪区支行 41160199275771

备注：（无锡明辉机械制造有限责任公司 913202024117750741 专票专用章）

收款人：　复核：　开票人：陈思　销售方（章）

第二联：抵扣联　购买方扣税凭证

6-2

江苏省增值税专用发票

3202183140 No.37962260 3202183140 37962260

开票日期：2020年07月11日

购买方	名　　　称：	徐州味丰食品有限公司
	纳税人识别号：	913203115094633652
	地　址、电话：	江苏省徐州市泉山区湖北路24号 0516-89315462
	开户行及账号：	中国建设银行徐州市泉山区支行 41290317115267

密码区：
56*3187<4/+1947<+95-59+7<3436442<0-->>-6>525<725010->7*787*3187<4/+8490<+581796529103<+712/<1+9016>3158+>84>379<+95-59+7<3476414<0-->>-6

货物及应税劳务、服务的名称	规格型号	单位	数量	单价	金额	税率	税额
草莓		kg	700	15	10 500.00	13%	1 365.00
合　计					¥10 500.00		¥1 365.00

价税合计（大写）：⊗壹万壹仟捌佰陆拾伍元整　　　（小写）¥11 865.00

销售方	名　　　称：	无锡明辉机械制造有限责任公司
	纳税人识别号：	913202024117750741
	地　址、电话：	江苏省无锡市梁溪区孔凡街彭亚路65号 0510-96672826
	开户行及账号：	中国建设银行无锡市梁溪区支行 41160199275771

备注：（无锡明辉机械制造有限责任公司 913202024117750741 专票专用章）

收款人：　复核：　开票人：陈思　销售方（章）

第三联：发票联　购买方记账凭证

上述原始凭证中：

6-1 是江苏省增值税专用发票的第二联抵扣联，此联应作为购货方抵扣进项税额的依据。该抵扣联不能作为记账凭证的附件，应单独存放，专门用于在规定期限内到税务机关办理认证，并在认证通过的次月申报期内向主管税务机关申报抵扣进项税额。

6-2 是江苏省增值税专用发票的第三联发票联，此联应作为购货方的记账依据。该原始凭证表明本公司从无锡明辉机械制造有限责任公司购买了原材料草莓。

原始凭证中无收料单，无付款凭证，且期初无预付账款。

因此，该笔业务应填制如下记账凭证：

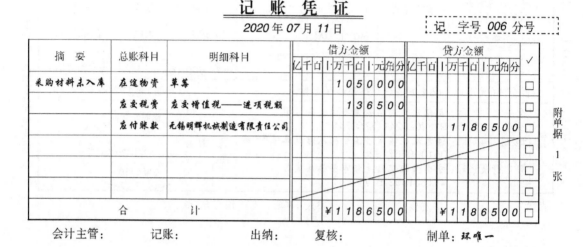

【业务7】 2020-07-12，取得原始凭证2张。

7-1

7-2

2020-07-12

工资发放明细表

单位：元

| 姓名 | 部门 | 岗位 | 应付工资 | 专项扣除 ||||||专项扣除小计| 代扣三险一金 ||||计税基础 | 代扣个人所得税 | 代扣款合计 | 实发工资 |
				子女教育	继续教育	大病医疗	住房贷款利息	住房租金	赡养老人		代扣医疗保险	代扣养老保险	代扣失业保险	代扣住房公积金			
刘毅玮	办公室	法定代表人	5 000							0	0	0	0	0	5 000	0	0	5 000
朱胜利	办公室	总经理	4 000							0	0	0	0	0	4 000	0	0	4 000
苏卫红	办公室	办公室主任	4 500							0	0	0	0	0	4 500	0	0	4 500
李莉	办公室	办公室职员	3 500							0	0	0	0	0	3 500	0	0	3 500
李波	办公室	办公室职员	3 500							0	0	0	0	0	3 500	0	0	3 500
蔡凤泉	财务部	财务经理	4 500							0	0	0	0	0	4 500	0	0	4 500
郎素云	财务部	出纳	3 500							0	0	0	0	0	3 500	0	0	3 500
环唯一	生产车间	生产车间主任	3 800							0	0	0	0	0	3 800	0	0	3 800
高艳萍	采购部	采购员	4 000							0	0	0	0	0	4 000	0	0	4 000
柳德堂	采购部	采购员	4 800							0	0	0	0	0	4 800	0	0	4 800
殷玉军	生产车间	车间工人	3 500							0	0	0	0	0	3 500	0	0	3 500
张彦洁	生产车间	车间工人	3 500							0	0	0	0	0	3 500	0	0	3 500
陆永健	生产车间	车间工人	3 500							0	0	0	0	0	3 500	0	0	3 500
合计			51 600	0	0	0	0	0	0	0	0	0	0	0	51 600	0	0	51 600

制表：环唯一　　审核：蔡凤泉

上述原始凭证中：

7-1 是中国建设银行转账支票存根，应作为付款方支付款项的记账依据。该原始凭证注明，收款人是本公司，用途是支付工资，这表明本公司已经按照 7-2 "工资发放明细表"的"实发金额"栏目支付了职工工资。

7-2 是工资发放明细表，此表应作为支付工资的记账依据。该原始凭证注明，实发工资是 51 600 元。

因此，该笔业务应填制如下记账凭证：

记 账 凭 证

2020 年 07 月 12 日　　　　　　　　　　　记　字号 007 分号

摘要	总账科目	明细科目	借方金额 亿千百十万千百十元角分	贷方金额 亿千百十万千百十元角分	√
支付上月工资并代扣三险一金及个税	应付职工薪酬	工资	5 1 6 0 0 0 0		□
	银行存款	中国建设银行徐州市泉山区支行-41290317115267		5 1 6 0 0 0 0	□
					□
					□
					□
合　　　计			¥ 5 1 6 0 0 0 0	¥ 5 1 6 0 0 0 0	□

会计主管：　　　记账：　　　出纳：　　　复核：　　　制单：环唯一

附单据 2 张

【业务 8】 2020-07-15，取得原始凭证 1 张。

8-1

收 料 单

供应单位：无锡明晖机械制造有限责任公司　　2020 年 07 月 15 日　　编号：SL053

材料编号	名称	单位	规格	数量		实际成本			
				应收	实收	单价	发票价格	运杂费	总价
CL01002	草莓	kg		700	700				

备注：

收料人：　　　　　　　　　　　　　　　交料人：张中生

第二联　记账联

上述原始凭证8-1是收料单的第二联记账联,此联应作为收到材料的记账依据。该原始凭证表明公司7月11日向无锡明辉机械制造有限责任公司购买的700千克原材料草莓已经全部验收入库。

因此,该笔业务应填制如下记账凭证:

记 账 凭 证

2020年07月15日

记 字号 008 分号

摘 要	总账科目	明细科目	借方金额 亿千百十万千百十元角分	贷方金额 亿千百十万千百十元角分	√
本月在途物资入库	原材料	草莓	1050000		□
	在途物资	草莓		1050000	□
					□
					□
					□
合 计			¥1050000	¥1050000	□

附单据 1 张

会计主管: 记账: 出纳: 复核: 制单:环唯一

【业务9】 2020-07-22,取得原始凭证2张。

9-1

江苏省增值税普通发票 No. 71090709

032021828704   032021828704
                71090709

校验码 90024857748003650548   开票日期:2020年07月22日

购买方	名　　　称:徐州味丰食品有限公司 纳税人识别号:913203115094633652 地址、电话:江苏省徐州市泉山区湖北路24号 0516-89315462 开户行及账号:中国建设银行徐州市泉山区支行 41290317115267	密码区	58*3187</+1402<+95-59+7<4980497<0- -->>-6>525<705388->7*787*3187</+849 0<+180740348807+<712/<1+9016>0610+ +>84<788<+95-59+7<2250403<0-->>-6>
	货物及应税劳务、服务的名称	规格型号	单位	数量	单价	金额	税率	税额
	"住宿餐饮"餐费		次	1	1 886.79	1 886.79	6%	113.21
	合 计					¥1 886.79		¥113.21
价税合计(大写)	⊗ 贰仟元整		(小写)¥2 000.00					
销售方	名　　　称:无锡华香酒店有限责任公司 纳税人识别号:913202033348531433 地址、电话:江苏省无锡市梁溪区张围郑伏路52号 0510-38728730 开户行及账号:交通银行无锡市梁溪区支行 41655154571543	备注	(无锡华香酒店有限责任公司 913202033348531433 发票专用章)

收款人: 复核: 开票人:岳剑峰   销售方(章)

9-2

中国建设银行
China Construction Bank

电 汇 凭 证

币别：人民币　　　　2020 年 07 月 22 日　　流水号：320320027J0500810094

汇款方式	☑普通　　□加急		
汇款人 全称	徐州味丰食品有限公司	收款人 全称	无锡华香酒店有限责任公司
账号	41290317115267	账号	41655154571543
汇出地点	江苏省徐州市/县	汇入地点	江苏省无锡市/县
汇出行名称	中国建设银行徐州市泉山区支行	汇入行名称	交通银行无锡市梁溪区支行
金额	（大写）人民币贰仟元整	亿千百十万千百十元角分	¥2 0 0 0 0 0

支付密码 7301-5295-4543-3392

附加信息及用途：支付餐费

（中国建设银行徐州市泉山区支行 2020-07-22 办讫 (01)）

（徐州味丰食品有限公司 财务专用章）

刘毅玮　客户签章

会计主管：　　授权：　　复核：　　录入：李敏

第二联　客户回单

上述原始凭证中：

9-1 是江苏省增值税普通发票的第二联发票联，此联应作为购买方的记账依据。该原始凭证是餐费发票。因其是普通发票，购货方不能抵扣进项税额，所以应将其价税合计金额计入"管理费用——业务招待费"。

9-2 是中国建设银行电汇凭证的第二联客户回单联，此联应作为付款方支付款项的记账依据。该原始凭证表明本公司向无锡华香酒店有限责任公司支付了餐费。

因此，该笔业务应填制如下记账凭证：

记 账 凭 证

2020 年 07 月 22 日　　　　记 字号 009 分号

摘要	总账科目	明细科目	借方金额 亿千百十万千百十元角分	贷方金额 亿千百十万千百十元角分	√
支付餐费	管理费用	业务招待费	2 0 0 0 00		□
	银行存款	中国建设银行徐州市泉山区支行-41290317115267		2 0 0 0 00	□
					□
					□
					□
					□
	合　计		¥ 2 0 0 0 00	¥ 2 0 0 0 00	□

附单据 2 张

会计主管：　　　记账：　　　出纳：　　　复核：　　　制单：环唯一

【业务 10】 2020-07-25，取得原始凭证 3 张。

10-1

10-2

销 售 单

购货单位：北京明星机械制造有限责任公司　地址和电话：北京市丰台区颐苏街王海路93号 010-56809581　单据编号：XS6798
纳税人识别号：911101063149876913　开户行及账号：中国建设银行北京市丰台区支行 4153640829083　制单日期：2020-07-25

编码	产品名称	规格	单位	单价	数量	金额	备注
SP0001	黄桃罐头		瓶	56.50	4 000	226 000.00	
SP0002	草莓罐头		瓶	67.80	3 000	203 400.00	
合计	人民币(大写)：肆拾贰万玖仟肆佰元整				—	¥429 400.00	

销售经理：　　　经手人：　　　会计：环唯一　　　收款人：董凯

（会计联）

10-3

中国建设银行客户专用回单

币别：人民币　　　　2020年07月25日　　　流水号：320320027J0500810029

付款人	全称	北京明星机械制造有限公司	收款人	全称	徐州味丰食品有限公司
	账号	4153640829083		账号	41290317115267
	开户行	中国建设银行北京市丰台区支行		开户行	中国建设银行徐州市泉山区支行
金额	（大写）人民币肆拾贰万玖仟肆佰元整			（小写）¥429 400.00	
凭证种类	电汇		凭证号码		
结算方式	结账		用途	货款	

打印柜员：320325584268
打印机构：中国建设银行徐州市泉山区支行
打印卡号：41290317115267

（中国建设银行徐州市泉山区支行 电子回单专用章）

打印时间：2020-07-25　　　交易柜员：320325584268　　　交易机构：320310523

（第二联 贷方（回单））

上述原始凭证中：

10-1 是江苏省增值税专用发票的第一联记账联，此联应作为销货单位的记账依据。该原始凭证表明本公司销售了产品（黄桃罐头、草莓罐头）给北京明星机械制造有限责任公司。

10-2 是销售单，应作为销售方内部处理顾客订单的依据。

10-3 是中国建设银行客户专用回单的贷方回单联，此联应作为收款方收到款项的记账依据。该原始凭证表明本公司收到了向北京明星机械制造有限责任公司销售货物的款项。

因此，该笔业务应填制如下记账凭证：

记 账 凭 证

2020年07月25日　　　记　字号 010 分号

摘要	总账科目	明细科目	借方金额	贷方金额	✓
销售产品	银行存款	中国建设银行徐州市泉山区支行-41290317115267	4294.00		☐
	主营业务收入	商品销售收入——黄桃罐头		2000.00	☐
	主营业务收入	商品销售收入——草莓罐头		1800.00	☐
	应交税费	应交增值税——销项税额		494.00	☐
					☐
					☐
	合计		¥4294.00	¥4294.00	☐

附单据 3 张

会计主管：　　记账：　　出纳：　　复核：　　制单：环唯一

【业务11】 2020-07-31，取得原始凭证1张。

11-1

固定资产累计折旧计算表

2020-07-31　　　　　　　　　　　　　　　　　　　　　　　　单位：元

固定资产类别	使用部门	名称	单位	数量	单位成本	原值	投入使用日期	预计使用年限	月折旧率	本月折旧额
电子设备	办公室	格力空调	台	2	3 000.00	6 000.00	2018-06-07	3		
生产设备	生产车间	生产线	台	1	150 000.00	150 000.00	2018-05-10	10		
房屋及建筑物	办公室	厂房	幢	1	100 000.00	100 000.00	2018-06-07	20		
合计						256 000.00				

制表：　　　　　　　　　　　　　　　　　　　　　　　　　　审核：

上述原始凭证11-1是固定资产折旧计算表，此表应作为期末计提固定资产折旧的记账依据。根据期初会计政策进行相关位数的保留，根据使用部门计入相关成本费用。

因此，该笔业务应填制如下原始凭证、记账凭证：

固定资产累计折旧计算表

2020-07-31　　　　　　　　　　　　　　　　　　　　　　　　单位：元

固定资产类别	使用部门	名称	单位	数量	单位成本	原值（元）	投入使用日期	预计使用年级	月折旧率	本月折旧额
电子设备	办公室	格力空调	台	2	3 000.00	6 000.00	2018-06-07	3	0.026 7	160.20
生产设备	生产车间	生产线	台	1	150 000.00	150 000.00	2018-05-10	10	0.008 0	1 200.00
房屋及建筑物	办公室	厂房	幢	1	100 000.00	100 000.00	2018-06-07	20	0.004 0	400.00
合计						256 000.00				1 760.20

制表：环唯一　　　　　　　　　　　　　　　　　　　　　　审核：蔡凤泉

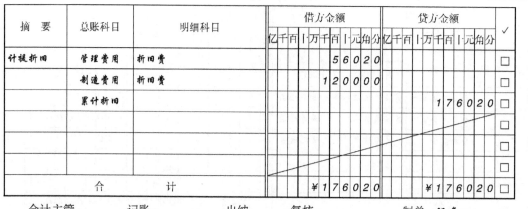

记 账 凭 证
2020年07月31日　　　　记 字号 011 分号

摘要	总账科目	明细科目	借方金额	贷方金额	
计提折旧	管理费用	折旧费	560.20		
	制造费用	折旧费	1 200.00		
	累计折旧			1 760.20	
	合　　计		¥1 760.20	¥1 760.20	

会计主管：　　记账：　　出纳：　　复核：　　制单：环唯一

附单据 1 张

【业务12】 2020-07-31，取得原始凭证1张。

12-1

银行借款利息计算单

2020-07-31　　　　　　　　　　　　　　　　　　　　　　　　单位：元

借款种类	借款金额	贷款年利率	月利息额	备注
3个月周转借款	100 000.00	6%		2020-07-01 借入（合同号：52480）
合　计				

制表：　　　　　　　　　　　　　　　　　　　　　　　　审核：

上述原始凭证12-1是银行借款利息计算单，此单应作为借款方期末计算利息支出的记账依据。该原始凭证表明本公司承担的是短期借款利息支出，且期初政策中说明借款利息按月计提，按季支付。

因此，该笔业务应填制如下原始凭证、记账凭证：

银行借款利息计算单

2020-07-31　　　　　　　　　　　　　　　　　　　　　　　　单位：元

借款种类	借款金额	贷款年利率	月利息额	备注
3个月周转借款	100 000.00	6%	516.67	2020-07-01 借入（合同号：52480）
合　计	100 000.00		516.67	

制表：环唯一　　　　　　　　　　　　　　　　　　　　审核：蔡风泉

记 账 凭 证

2020 年 07 月 31 日　　　记　字号 012 分号

摘要	总账科目	明细科目	借方金额	贷方金额	√
计提短期借款利息	财务费用	利息支出	516 67		□
	应付利息	短期借款——交通银行徐州市泉山区支行——合同号:52480		516 67	□
					□
					□
					□
					□
合　计			¥516 67	¥516 67	□

附单据 1 张

会计主管:　　　记账:　　　出纳:　　　复核:　　　制单: 环唯一

【业务 13】 2020-07-31,取得原始凭证 3 张。

13-1

产品生产工时明细表

2020-07-31　　　　　　　　　　　　　　　　单位:小时

车间	产品	生产工时(小时)
生产车间	黄桃罐头	1 500
生产车间	草莓罐头	1 000
合　计		2 500

制表: 环唯一　　　　　　　　审核: 蔡风泉

13-2

工资明细表

2020-07-31　　　　　　　　　　　　　　　　单位:元

姓　名	部　门	岗　位	应付工资
刘毅琦	办公室	法定代表人	5 000.00
朱胜利	办公室	总经理	4 000.00
苏卫红	办公室	办公室主任	4 500.00
李莉	办公室	办公室职员	3 500.00
李波	办公室	办公室职员	3 500.00
蔡风泉	财务部	财务经理	4 500.00
邱素云	财务部	出纳	3 500.00

续表

姓　名	部　门	岗　位	应付工资
环唯一	财务部	会计	3 800.00
高艳萍	生产车间	生产车间主任	4 000.00
柳德堂	采购部	采购员	4 800.00
殷玉军	生产车间	车间工人	3 500.00
张彦洁	生产车间	车间工人	3 500.00
陆永健	生产车间	车间工人	3 500.00
合　计			51 600.00

制表：环唯一　　　　　　　　　　　　　　　　　　　　　　　审核：蔡风泉

13-3

工资费用分配表

2020-07-31　　　　　　　　　　　　　　　　　　　　　　　　单位：元

项　目	项目明细	直接计入	分配计入			合　计
			生产工时（小时）	分配率	分配金额	
管理费用						
制造费用						
生产成本	黄桃罐头					
生产成本	草莓罐头					
合　计						

制表：　　　　　　　　　　　　　　　　　　　　　　　　　　审核：

上述原始凭证中：

13-3是工资费用分配表，此表应作为期末计算分配工资费用的记账依据。应根据职工所属部门（13-2）计入相关成本费用，其中生产成本应根据期初政策采用实际生产工时（13-1）进行分配 。

因此，该笔业务应填制如下原始凭证、记账凭证：

工资费用分配表

2020-07-31　　　　　　　　　　　　　　　　　　　　　　　单位：元

项　目	项目明细	直接计入	分配计入			合　计
			生产工时（小时）	分配率	分配金额	
管理费用		37 100.00				37 100.00
制造费用		4 000.00				4 000.00
生产成本	黄桃罐头		1 500	4.20	6 300.00	6 300.00
生产成本	草莓罐头		1 000	4.20	4 200.00	4 200.00
合　计		41 100.00	2 500		10 500.00	51 600.00

制表：环唯一　　　　　　　　　　　　　　　　　　　审核：蔡风泉

记 账 凭 证

2020年07月31日　　　　　　　　　　　　记　字号 013 分号

摘　要	总账科目	明细科目	借方金额	贷方金额	√
计提工资	管理费用	工资	37 100.00		
	制造费用	工资	4 000.00		
	生产成本	基本生产成本——黄桃罐头——直接人工	6 300.00		
	生产成本	基本生产成本——草莓罐头——直接人工	4 200.00		
	应付职工薪酬	工资		51 600.00	
合　　计			¥51 600.00	¥51 600.00	

附单据 3 张

会计主管：　　　记账：　　　出纳：　　　复核：　　　制单：环唯一

【业务14】 2020-07-31，取得原始凭证 2 张。

14-1

发出材料单位成本计算表

2020-07-31　　　　　　　　　　　　　　　　　　　　　　　单位：元

材料名称	单位	期初数量	期初金额	本期入库数量	本期入库金额	单位成本
黄桃	kg					
草莓	kg					
合　计						

制表：　　　　　　　　　　　　　　　　审核：

14-2

材料发出汇总表

2020-07-31 单位:元

领用部门	领料用途	产品	黄桃 数量/kg	黄桃 金额	草莓 数量/kg	草莓 金额	合计
生产车间	生产产品直接领用	黄桃罐头	1 200		0		
生产车间	生产产品直接领用	草莓罐头	0		1 000		
合 计							

制表: 审核:

上述原始凭证中:

14-2是原材料发出汇总表,此表应作为期末计算分配材料费用的记账依据。应根据期初政策先计算出材料的单位成本(14-1),存货发出采用月末一次加权平均法,分配率保留2位小数;再根据领用部门计入相关成本费用中。

月末一次加权平均单价=(期初存货成本+本月购入存货成本)/(期初存货数量+本月购入存货数量)

因此,该笔业务应填制如下原始凭证、记账凭证:

发出材料单位成本计算表

2020-07-31 单位:元

材料名称	单位	期初数量	期初金额	本期入库数量	本期入库金额	单位成本
黄桃	kg	1 500	15 000.00	0	0.00	10.00
草莓	kg	1 500	22 500.00	700	10 500.00	15.00
合 计	—	3 000	37 500.00	700	10 500.00	—

制表:环唯一 审核:蔡风泉

材料发出汇总表

2020-07-31 单位:元

领用部门	领料用途	产品	黄桃 数量/kg	黄桃 金额	草莓 数量/kg	草莓 金额	合计
生产车间	生产产品直接领用	黄桃罐头	1 200	12 000.00	0	0	12 000.00
生产车间	生产产品直接领用	草莓罐头	0	0	1 000	15 000.00	15 000.00
合 计			1 200	12 000.00	1 000	15 000.00	27 000.00

制表:环唯一 审核:蔡风泉

记 账 凭 证

2020 年 07 月 31 日　　　记　字号 014 分号

摘要	总账科目	明细科目	借方金额 亿千百十万千百十元角分	贷方金额 亿千百十万千百十元角分	√
结转发出材料成本	生产成本	基本生产成本——黄桃罐头——直接材料	1 2 0 0 0 0 0		□
	生产成本	基本生产成本——草莓罐头——直接材料	1 5 0 0 0 0 0		□
	原材料	黄桃		1 2 0 0 0 0 0	□
	原材料	草莓		1 5 0 0 0 0 0	□
					□
	合　　计		¥2 7 0 0 0 0 0	¥2 7 0 0 0 0 0	□

附单据 2 张

会计主管：　　　记账：　　　出纳：　　　复核：　　　制单：环唯一

【业务15】 2020-07-31,取得原始凭证 2 张。

15-1

产品生产工时明细表

2020-07-31　　　　　　　　　　　　　　　　　　　　单位：小时

生产车间	产品	生产工时
生产车间	黄桃罐头	1 500
生产车间	草莓罐头	1 000
合　计		2 500

制表：环唯一　　　　　　　　　　　　　　　　　审核：蔡风泉

15-2

制造费用分配表

2020-07-31　　　　　　　　　　　　　　　　　　　　　单位：元

生产车间	产品	分配标准（工时）	分配率	分配金额
生产车间	黄桃罐头			
生产车间	草莓罐头			
合　计				

制表：　　　　　　　　　　　　　　　　　　　　　审核：

上述原始凭证中：

15-2 是制造费用分配表,此表应作为期末计算分配制造费用的记账依据。根据期初政策按生产工时(15-1)比例法先计算分配率,若有尾差计入最后一个对象。

因此,该笔业务应填制如下原始凭证、记账凭证：

制造费用分配表

2020-07-31　　　　　　　　　　　　　　　　　　　　　　　　　　　　单位：元

生产车间	产品	分配标准（工时）	分配率	分配金额
生产车间	黄桃罐头	1 500	2.08	3 120.00
生产车间	草莓罐头	1 000	2.08	2 080.00
合　计		2 500		5 200.00

制表：环唯一　　　　　　　　　　　　　　　　　　　　　　　审核：蔡风泉

记 账 凭 证

2020年07月31日　　　　　　　　　　　　　记　字号 015 分号

摘　要	总账科目	明细科目	借方金额	贷方金额	✓
结转制造费用	生产成本	基本生产成本——黄桃罐头——制造费用	3 120 00		
	生产成本	基本生产成本——草莓罐头——制造费用	2 080 00		
	制造费用	工资		4 000 00	
	制造费用	折旧费		1 200 00	
	合　计		¥5 200 00	¥5 200 00	

附单据 2 张

会计主管：　　记账：　　出纳：　　复核：　　制单：环唯一

【业务16】 2020-07-31，取得原始凭证2张。

16-1

产品产量明细表

2020-07-31　　　　　　　　　　　　　　　　　　　　　　　　　　　　单位：瓶

生产部门	产品	月初在产品数量	本月投产产品数量	本月完工产品数量	本月产品入库数量	月末在产品数量	投料率	期末在产品完工率
生产车间	黄桃罐头	0	1 000	1 000	1 000	0	0	0
生产车间	草莓罐头	0	800	800	800	0	0	0

制表：环唯一　　　　　　　　　　　　　　　　　　　　　　　审核：蔡风泉

16-2

产品成本计算表

2020-07-31　　　　　　　　　　　　　　　　　　　　　　　　　　　　　单位：元

生产部门	产品名称	成本项目	月初在产品成本	本月生产费用	生产成本合计	完工产品产量/瓶	在产品产量/瓶	在产品约当产量/瓶	产量合计/瓶	单位成本	完工产品成本	在产品成本
生产车间	黄桃罐头	直接材料										
生产车间	黄桃罐头	直接人工										
生产车间	黄桃罐头	制造费用										
小计												
生产车间	草莓罐头	直接材料										
生产车间	草莓罐头	直接人工										
生产车间	草莓罐头	制造费用										
小计												
合计												

制表：　　　　　　　　　　　　　　　　　　　　　　　　　　　　审核：

上述原始凭证中：

16-2是产品成本计算表，此表应作为期末结转完工产品成本的记账依据。因当月产品全部完工（16-1），无期初、期末在产品，所以在进行会计核算时，按照完工产品成本计入相关科目（按照明细科目结转）。

因此，该笔业务应填制如下原始凭证、记账凭证：

产品成本计算表

2020-07-31　　　　　　　　　　　　　　　　　　　　　　　　　　　　　单位：元

生产部门	产品名称	成本项目	月初在产品成本	本月生产费用	生产成本合计	完工产品产量/瓶	在产品产量/瓶	在产品约当产量/瓶	产量合计/瓶	单位成本	完工产品成本	在产品成本
生产车间	黄桃罐头	直接材料		12 000.00	12 000.00	1 000	0	0	1 000	12.00	12 000.00	0.00
生产车间	黄桃罐头	直接人工		6 300.00	6 300.00	1 000	0	0	1 000	6.30	6 300.00	0.00
生产车间	黄桃罐头	制造费用		3 120.00	3 120.00	1 000	0	0	1 000	3.12	3 120.00	0.00
小计			0.00	21 420.00	21 420.00					21.42	21 420.00	
生产车间	草莓罐头	直接材料		15 000.00	15 000.00	800	0	0	800	18.75	15 000.00	0.00
生产车间	草莓罐头	直接人工		4 200.00	4 200.00	800	0	0	800	5.25	4 200.00	0.00
生产车间	草莓罐头	制造费用		2 080.00	2 080.00	800	0	0	800	2.60	2 080.00	0.00
小计			0.00	21 280.00	21 280.00					26.60	21 280.00	
合计			0.00	42 700.00	42 700.00						42 700.00	

制表：环唯一　　　　　　　　　　　　　　　　　　　　　　　审核：蔡风泉

记 账 凭 证

2020 年 07 月 31 日   记 字号 016 分号 1/2

摘要	总账科目	明细科目	借方金额 亿千百十万千百十元角分	贷方金额 亿千百十万千百十元角分	✓
完工产品入库	库存商品	黄桃罐头	2 1 4 2 0 0 0		☐
	库存商品	草莓罐头	2 1 2 8 0 0 0		☐
	生产成本	基本生产成本——黄桃罐头——直接材料		1 2 0 0 0 0 0	☐
	生产成本	基本生产成本——黄桃罐头——直接人工		6 3 0 0 0 0	☐
	生产成本	基本生产成本——黄桃罐头——制造费用		3 1 2 0 0 0	☐
	生产成本	基本生产成本——草莓罐头——直接材料		1 5 0 0 0 0 0	☐
合计					☐

附单据 2 张

会计主管：　　记账：　　出纳：　　复核：　　制单：环唯一

记 账 凭 证

2020 年 07 月 31 日   记 字号 016 分号 2/2

摘要	总账科目	明细科目	借方金额 亿千百十万千百十元角分	贷方金额 亿千百十万千百十元角分	✓
完工产品入库	生产成本	基本生产成本——草莓罐头——直接人工		4 2 0 0 0 0	☐
	生产成本	基本生产成本——草莓罐头——制造费用		2 0 8 0 0 0	☐
					☐
					☐
合计			¥ 4 2 7 0 0 0 0	¥ 4 2 7 0 0 0 0	☐

附单据 同记016 1/2 张

会计主管：　　记账：　　出纳：　　复核：　　制单：环唯一

【业务 17】 2020-07-31，取得原始凭证 2 张。

17-1

库存商品单位成本计算表

2020-07-31　　　　　　　　　　　　　　　　　　　　　　　　　　　　　单位：元

产品名称	期初结存		本期入库		本期发出库存商品单位成本
	数量/瓶	金额	数量/瓶	金额	
黄桃罐头					
草莓罐头					
合计					

制表：　　　　　　　　　　　　　　　　　　　　　　　　　　　　　审核：

17-2

销售产品成本结转表

2020-07-31　　　　　　　　　　　　　　　　　　　　　　　　　　　　　单位：元

领用部门	用途	黄桃罐头		草莓罐头		合计
		数量/瓶	金额	数量/瓶	金额	
销售门市部	销售领用					
销售门市部	销售领用					
合计						

制表：　　　　　　　　　　　　　　　　　　　　　　　　　　　　　审核：

上述原始凭证中：

17-1是库存商品单位成本计算表，此表应作为期末计算产品销售成本的记账依据。根据期初政策按照月末一次加权平均法计算发出库存商品的单位成本。

17-2是销售产品成本结转表，此表也作为期末计算产品销售成本的记账依据。根据17-1算出的单位成本计算应结转的销售产品成本。

因此，该笔业务应填制如下原始凭证、记账凭证：

库存商品单位成本计算表

2020-07-31　　　　　　　　　　　　　　　　　　　　　　　　　　　　　单位：元

产品名称	期初结存		本期入库		本期发出库存商品单位成本
	数量/瓶	金额	数量/瓶	金额	
黄桃罐头	3 300	99 000.00	1 000	21 420.00	28.00
草莓罐头	2 300	82 800.00	800	21 280.00	33.57
合计		181 800.00		42 700.00	

制表：环唯一　　　　　　　　　　　　　　　　　　　　　　　　审核：蔡凤泉

销售产品成本结转表

2020-07-31 单位：元

领用部门	用途	黄桃罐头		草莓罐头		合计
		数量/瓶	金额	数量/瓶	金额	
销售门市部	销售领用	4 000	112 000.00	0	0.00	112 000.00
销售门市部	销售领用	0	0.00	3 000	100 710.00	100 710.00
合计		4 000	112 000.00	3 000	100 710.00	212 710.00

制表：环唯一　　　　　　　　　　　　审核：蔡凤泉

记账凭证

2020年07月31日　　　记　字号 017 分号

摘要	总账科目	明细科目	借方金额	贷方金额
结转产品销售成本	主营业务成本	商品销售成本——黄桃罐头	112 000 00	
	主营业务成本	商品销售成本——草莓罐头	100 710 00	
	库存商品	黄桃罐头		112 000 00
	库存商品	草莓罐头		100 710 00
合计			¥212 710 00	¥212 710 00

会计主管：　　　记账：　　　出纳：　　　复核：　　　制单：环唯一

附单据 2 张

【业务18】 2020-07-31，取得原始凭证 1 张。

18-1

税金及附加计算表

2020-07-31 单位：元

税(费)种	计税依据(增值税)	税率(征收率)	本期应交税费
应交城市维护建设税		7%	
应交教育费附加		3%	
应交地方教育附加		2%	
合计			

制表：　　　　　　　　　　　　　　审核：

上述原始凭证18-1是税金及附加计算表，此表应作为期末计算应交城市维护建设税、教育费附加、地方教育附加的记账依据。应用本月应纳税额(本月销项税额-本月进项税额)乘以相关税率计算。

因此,该笔业务应填制如下原始凭证、记账凭证:

税金及附加计算表

2020-07-31　　　　　　　　　　　　　　　　　　　　　　　　　　单位:元

税(费)种	计税依据(增值税)	税率(征收率)	本期应交税费
应交城市维护建设税	48 010.31	7%	3 360.72
应交教育费附加	48 010.31	3%	1 440.31
应交地方教育附加	48 010.31	2%	960.21
合　计			5 761.24

制表:环唯一　　　　　　　　　　　　　　　　　　　　　　　审核:蔡凤泉

记　账　凭　证

2020年07月31日　　　　　　　　　　　　　记　字号 018 分号

摘要	总账科目	明细科目	借方金额	贷方金额	√
计算税金及附加	税金及附加	城市维护建设税	3 360.72		□
	税金及附加	教育费附加	1 440.31		□
	税金及附加	地方教育附加	960.21		□
	应交税费	应交城市维护建设税		3 360.72	□
	应交税费	应交教育费附加		1 440.31	□
	应交税费	应交地方教育附加		960.21	□
合　　计			¥5 761.24	¥5 761.24	□

附单据 1 张

会计主管:　　　　记账:　　　　出纳:　　　　复核:　　　　制单:环唯一

【业务19】 2020-07-31,取得原始凭证 1 张。

19-1

应交所得税计算表

2020-07-31　　　　　　　　　　　　　　　　　　　　　　　　　　单位:元

项　目	上期已申报金额	本期金额	本年累计金额
营业收入	2 508 000.00		
营业成本	1 388 046.00		
利润总额	774 524.95		
加:特定业务计算的应纳税所得额			
减:不征税收入			
减:免税收入、减计收入、所得减免等优惠			
减:固定资产加速折旧(扣除)调减额			

续表

项　　目	上期已申报金额	本期金额	本年累计金额
减：弥补以前年度亏损			
实际利润额	774 524.95		
税率	25%		
应纳所得税额	193 631.24		
减：减免所得税额			
减：实际已缴纳所得税额	193 631.24		
减：特定业务预缴（征）所得税额			
本期应补（退）所得税额			

制表：　　　　　　　　　　　　　　　　　　　　　　　　　审核：

上述原始凭证 19-1 是应交所得税计算表，此表应作为期末计算本期应交所得税费用的记账依据。根据利润总额的 25% 计算本月应纳所得税额。

因此，该笔业务应填制如下原始凭证、记账凭证：

应交所得税计算表

2020-07-31　　　　　　　　　　　　　　　　　　　　　　　　　　　　　　单位：元

项　　目	上期已申报金额	本期金额	本年累计金额
营业收入	2 508 000.00	380 000.00	2 888 000.00
营业成本	1 388 046.00	212 710.00	1 600 756.00
利润总额	774 524.95	120 177.57	894 702.52
加：特定业务计算的应纳税所得额			
减：不征税收入			
减：免税收入、减计收入、所得减免等优惠			
减：固定资产加速折旧（扣除）调减额			
减：弥补以前年度亏损			
实际利润额	774 524.95	120 177.57	894 702.52
税率	25%	25%	25%
应纳所得税额	193 631.24	30 044.39	223 675.63
减：减免所得税额			
减：实际已缴纳所得税额	193 631.24		193 631.24
减：特定业务预缴（征）所得税额			
本期应补（退）所得税额		30 044.39	30 044.39

制表：环唯一　　　　　　　　　　　　　　　　　　　　　　　　　审核：蔡风泉

记 账 凭 证

2020 年 07 月 31 日   记 字号 019 分号

摘要	总账科目	明细科目	借方金额 亿千百十万千百十元角分	贷方金额 亿千百十万千百十元角分	√
计提应预缴企业所得税	所得税费用	当期所得税费用	3 0 0 4 4 3 9		□
	应交税费	应交企业所得税		3 0 0 4 4 3 9	□
					□
					□
					□
	合 计		¥3 0 0 4 4 3 9	¥3 0 0 4 4 3 9	□

附单据 1 张

会计主管：   记账：   出纳：   复核：   制单：环唯一

【业务20】 2020-07-31，取得原始凭证1张。

20-1

损益类账户发生额结转表

2020-07-31   单位：元

科目名称	本期借方发生额	本期贷方发生额
主营业务收入——商品销售收入——黄桃罐头		
主营业务收入——商品销售收入——草莓罐头		
主营业务成本——商品销售成本——黄桃罐头		
主营业务成本——商品销售成本——草莓罐头		
税金及附加——城市维护建设税		
税金及附加——教育费附加		
税金及附加——地方教育附加		
管理费用——工资		
管理费用——折旧费		
管理费用——差旅费		
管理费用——业务招待费		
财务费用——利息支出		
所得税费用——当期所得税费用		
合 计		

制表：   审核：

上述原始凭证 20-1 是损益类账户发生额结转表,此表应作为期末结转损益类科目的记账依据。期末结转时,应分别从收入类科目的借方按照明细结转到本年利润的贷方,从费用类科目的贷方按照明细结转到本年利润的借方。

因此,该笔业务应填制如下原始凭证、记账凭证:

损益类账户发生额结转表

2020-07-31　　　　　　　　　　　　　　　　　　　　　　　　　　　　单位:元

科目名称	本期借方发生额	本期贷方发生额
主营业务收入——商品销售收入——黄桃罐头		200 000.00
主营业务收入——商品销售收入——草莓罐头		180 000.00
主营业务成本——商品销售成本——黄桃罐头	112 000.00	
主营业务成本——商品销售成本——草莓罐头	100 710.00	
税金及附加——城市维护建设税	3 360.72	
税金及附加——教育费附加	1 440.31	
税金及附加——地方教育费附加	960.21	
管理费用——工资	37 100.00	
管理费用——折旧费	560.20	
管理费用——差旅费	1 174.31	
管理费用——业务招待费	2 000.00	
财务费用——利息支出	516.67	
所得税费用——当期所得税费用	30 044.39	
合　　计	289 866.81	380 000.00

制表:环唯一　　　　　　　　　　　　　　　　　　　　　　　　审核:蔡风泉

记 账 凭 证

2020 年 07 月 31 日　　　　　　记 字号 020 分号 1/3

摘要	总账科目	明细科目	借方金额	贷方金额	✓
月末结转收入类账户	主营业务收入	商品销售收入——黄桃罐头	200 000 00		□
	主营业务收入	商品销售收入——草莓罐头	180 000 00		□
	本年利润			380 000 00	□
					□
					□
合　　计			¥380 000 00	¥380 000 00	□

会计主管:　　　记账:　　　出纳:　　　复核:　　　制单:环唯一

附单据 1 张

记 账 凭 证

2020 年 07 月 31 日 记 字号 020 分号 2/3

摘要	总账科目	明细科目	借方金额	贷方金额	✓
月末结转费用类账户	本年利润		2898668 1		□
	主营业务成本	商品销售成本——黄桃罐头		1120000 0	□
	主营业务成本	商品销售成本——草莓罐头		1007100 0	□
	税金及附加	城市维护建设税		33607 2	□
	税金及附加	教育费附加		14403 1	□
	税金及附加	地方教育附加		9602 1	□
	合	计			□

附单据 同记020 1/3 张

会计主管：   记账：   出纳：   复核：   制单：环唯一

记 账 凭 证

2020 年 07 月 31 日 记 字号 020 分号 3/3

摘要	总账科目	明细科目	借方金额	贷方金额	✓
月末结转费用类账户	管理费用	工资		371000 0	□
	管理费用	折旧费		5602 0	□
	管理费用	差旅费		11743 1	□
	管理费用	业务招待费		20000 0	□
	财务费用	利息支出		5166 7	□
	所得税费用	当期所得税费用		300443 9	□
	合	计	¥2898668 1	¥2898668 1	□

附单据 同记020 1/3 张

会计主管：   记账：   出纳：   复核：   制单：环唯一

四、记账凭证的编制练习

（一）主体企业信息

（1）企业名称：徐州信合家具有限责任公司。
（2）社会信用代码：913203032067927153。
（3）企业地址：江苏省徐州市云龙区李志街王新路22号。
（4）企业电话号码：0516-07835210。
（5）企业增值税类型：一般纳税人。
（6）预留银行印鉴：徐州信合家具有限责任公司财务专用章和法定代表人私章。
（7）基本户银行账号：41968261742199。
（8）一般存款户账号：62571104784632。

(9)记账本位币:人民币。

(10)执行的会计准则:《企业会计准则》。

(二)企业会计政策信息

(1)徐州信合家具有限责任公司是增值税一般纳税人。企业下设办公室、财务部、采购部、生产车间、销售门市部,执行《企业会计准则》(新的金融工具、收入准则和新租赁准则)。公司对外报送财务报告的相关负责人如下:单位负责人为柴键(法定代表人);主管会计工作的负责人为孙武(总经理);会计机构负责人为苏卫红(财务经理)。

(2)会计期间:公司的会计期间分为年度和中期,会计年度为自公历1月1日起至12月31日止,中期包括月度、季度和半年度。

(3)公司以人民币为记账本位币。

(4)公司采用科目汇总表账务处理程序进行账务处理。公司主要生产书桌、沙发,生产每件书桌需要耗用木材材料,生产每件沙发需要耗用棉布材料。本月投产产品均按照生产耗用数量领用原材料,未发生损耗。

(5)产品成本计算采用品种法,设置直接材料、直接人工、制造费用三个成本项目。其中:

① 原材料在生产开始时一次性投入;共同耗用的材料采用产品产量比例分配法进行分配,分配率保留2位小数,尾差计入最后一个对象;存货发出采用月末一次加权平均法,分配率保留2位小数。

② 工资分配(不考虑个人扣款部分)采用实际生产工时进行分配,分配率保留2位小数,尾差计入最后一个对象。

③ 制造费用按生产工时比例法在各种产品之间分配,分配率保留2位小数,尾差计入最后一个对象。

④ 当月产品全部完工,无期初、期末在产品。

(6)固定资产不包括研发用固定资产。固定资产折旧采用年限平均法,净残值率为4%,折旧年限分别为:房屋及建筑物20年,生产设备10年,电子设备3年。折旧率保留4位小数(采用小数点的形式),月折旧额保留2位小数。

(7)借款利息按月计提,按季支付。

(8)企业适用的增值税税率为13%,企业取得的增值税专用发票已于当天在增值税发票综合服务平台确认发票用途,取得的海关进口增值税专用缴款书已于当天在增值税发票综合服务平台确认发票用途并取得回执。

(9)城市维护建设税税率为7%;教育费附加征收率为3%;地方教育附加征收率为2%。

(10)企业所得税税率为25%,采用查账征收方式,月度按实际利润额计算预缴企业所得税。

（三）期初资料

单位：元

科目代码	总账科目	明细科目	期初借方余额	期初贷方余额	单位	数量	备注
1001	库存现金		8 000.00				
1002	银行存款		204 402.89				
100201	银行存款	中国建设银行徐州市云龙区支行—41968261742199	169 770.79				
100202	银行存款	交通银行徐州市云龙区支行—62571104784632	34 632.10				
1122	应收账款						
1123	预付账款						
1221	其他应收款	孙武					
1402	在途物资						
140201	在途物资	木材					
140202	在途物资	棉布					
1403	原材料		345 000.00				
140301	原材料	木材	195 000.00		米	1 500	
140302	原材料	棉布	150 000.00		米	1 500	
1405	库存商品		1 470 000.00				
140501	库存商品	书桌	750 000.00		张	2 000	
140502	库存商品	沙发	720 000.00		个	2 400	
1601	固定资产		306 000.00				
16010101	固定资产	房屋及建筑物——厂房	150 000.00				
16010201	固定资产	生产设备——生产线	150 000.00				
16010401	固定资产	电子设备——格力空调	6 000.00				
1602	累计折旧			219 732.50			
2001	短期借款	交通银行徐州市云龙区支行—合同号：46941					
2202	应付账款	北京进源机械制造有限责任公司					
2211	应付职工薪酬	工资		52 428.80			
2221	应交税费						
222101	应交税费	应交增值税——进项税额					
222107	应交税费	应交增值税——销项税额					
222121	应交税费	应交企业所得税					
222124	应交税费	应交城市维护建设税					
222125	应交税费	应交教育费附加					
222126	应交税费	应交地方教育附加					

续表

科目代码	总账科目	明细科目	期初借方余额	期初贷方余额	单位	数量	备注
223101	应付利息	短期借款——交通银行徐州市云龙区支行—合同号：46941					合同号：46941
4001	实收资本						
400101	实收资本	徐州进源机械制造有限责任公司		2 000 000.00			
4103	本年利润			61 241.59			
5001	生产成本	基本生产成本					
50010101	生产成本	基本生产成本——书桌——直接材料					
50010102	生产成本	基本生产成本——书桌——直接人工					
50010103	生产成本	基本生产成本——书桌——制造费用					
50010201	生产成本	基本生产成本——沙发——直接材料					
50010202	生产成本	基本生产成本——沙发——直接人工					
50010203	生产成本	基本生产成本——沙发——制造费用					
5101	制造费用						
510101	制造费用	折旧费					
510102	制造费用	工资					
6001	主营业务收入						
600101	主营业务收入	商品销售收入——书桌					
600102	主营业务收入	商品销售收入——沙发					
6401	主营业务成本						
640101	主营业务成本	商品销售成本——书桌					
640102	主营业务成本	商品销售成本——沙发					
6403	税金及附加						
640301	税金及附加	城市维护建设税					
640302	税金及附加	教育费附加					
640303	税金及附加	地方教育附加					
6601	销售费用	广告宣传费					
6602	管理费用						
660201	管理费用	工资					
660202	管理费用	折旧费					
660203	管理费用	差旅费					
6603	财务费用	利息支出					
6801	所得税费用	当期所得税费用					

（四）记账凭证

【业务1】 2020-07-01，取得原始凭证1张。

1-1

借 款 借 据

单位编号：06066162　　　借款日期 2020 年 07 月 01 日　　　合同编号：46941

收款单位	名　称	徐州信合家具有限责任公司	借款单位	名　称	徐州信合家具有限责任公司
	结算户账号	62571104784632		贷款户账号	62424905579555
	开户银行	交通银行徐州市云龙区支行		开户银行	交通银行徐州市云龙区支行

借款金额	人民币 叁拾万元整	亿 千 百 十 万 千 百 十 元 角 分
		¥　　　　3 0 0 0 0 0 0 0

借款原因及用途	流动资金不足借款	批准借款利率	年息 6.00%

借款期限			
期次	计划还款日期	✓	计划还款金额
1	2021-03-01		300 000
2			
3			

备注：

你单位上列借款，已转入你单位结算户内。借款到期时由我行按期自你单位结算户转还

此致

（银行签章）

此联由银行退借款单位作入账通知

记 账 凭 证

年　月　日　　　　　字号　　分号

摘　要	总账科目	明细科目	借方金额 亿千百十万千百十元角分	贷方金额 亿千百十万千百十元角分	✓
					☐
					☐
					☐
					☐
					☐
					☐
	合　　计				☐

会计主管：　　　记账：　　　出纳：　　　复核：　　　制单：

附单据　　张

【业务2】 2020-07-01，取得原始凭证2张。

2-1

客户专用回单

币别：人民币　　　　　　　2020年07月01日　　　　流水号：321020027J0500810076

付款人	全称	扬州利达机械制造有限责任公司	收款人	全称	徐州信合家具有限责任公司
	账号	41285119239407		账号	41968261742199
	开户行	中国建设银行扬州市邗江区支行		开户行	中国建设银行徐州市云龙区支行
金额	（大写）人民币贰佰万元整			（小写）¥2 000 000.00	
凭证种类	网银		凭证号码		
结算方式	转账		用途	投资款	

打印柜员：321025584257
打印机构：中国建设银行徐州市云龙区支行
打印卡号：41285119239407

（第二联 贷方（回单））

打印时间：2020-07-01　　交易柜员：321025584257　　交易机构：321010517

2-2

股东会决议（增资）

经全体股东审议，将本公司注册资本由2 000 000.00元增加至4 000 000.00元，一致通过如下决议：

一、增资股东身份情况
（略）

二、增资股东出资情况

股东名称	认缴新增注册资本（元）	认缴比例	实际出资金额（元）	实际出资额占全体股东出资	出资到位日期	出资方式
扬州利达机械制造有限责任公司	2 000 000.00	50%	2 000 000.00	50%	2020-07-01	货币资金

三、增资后各股东持股比例

股东名称	实际出资情况			
	变更前		变更后	
	金额（元）	所占份额	金额（元）	所占份额
扬州利达机械制造有限责任公司	0.00	0%	2 000 000.00	50%
徐州进源机械制造有限责任公司	2 000 000.00	100%	2 000 000.00	50%

股东代表签字：田建国

2020年07月01日

记 账 凭 证

年　月　日　　　　　记　字号　　分号

摘 要	总账科目	明细科目	借方金额 亿千百十万千百十元角分	贷方金额 亿千百十万千百十元角分	√
	合　　计				

会计主管：　　记账：　　出纳：　　复核：　　制单：

附单据　张

【业务3】 2020-07-04，取得原始凭证1张。

3-1

记 账 凭 证

年　月　日　　　　　记　字号　　分号

摘要	总账科目	明细科目	借方金额 亿千百十万千百十元角分	贷方金额 亿千百十万千百十元角分	√
合　　计					

会计主管：　　　记账：　　　出纳：　　　复核：　　　制单：

附单据　　张

【业务4】 2020-07-06，取得原始凭证1张。

4-1

借款单

2020年07月06日　　　　　NO.01826

借款人：孙武	所属部门：办公室
借款用途：预借差旅费	现金付讫
借款金额：人民币（大写）贰仟元整　　　¥2 000.00	
部门负责人审批：郑松涛	借款人（签章）：孙武
财务部门审核：苏卫红	
单位负责人批示：同意	签字：柴健
核销记录：	

第一联　付款联（付款人记账）

记 账 凭 证

年　月　日　　　　　记　字号　　分号

摘要	总账科目	明细科目	借方金额 亿千百十万千百十元角分	贷方金额 亿千百十万千百十元角分	√
合　　计					

会计主管：　　　记账：　　　出纳：　　　复核：　　　制单：

附单据　　张

【业务5】 2020-07-07，取得原始凭证2张。

5-1

江苏省增值税专用发票（抵扣联）

No. 53859786 1101188140 53859786
发票代码：1101188140
开票日期：2020年07月07日

购买方	名称：徐州信合家具有限责任公司 纳税人识别号：913203032067927153 地址、电话：江苏省徐州市云龙区李志街王新路22号 0516-07835210 开户行及账号：中国建设银行徐州市云龙区支行 41968261742199

密码区：59*3187<4/+6701<+95-59+7<0866517<0-->-6>525<934993->7*787*3187<4/+8490<+615234439059<+712/<1+9016>1279++>84<549<+95-59+7<7103779<0-->-6>

货物及应税劳务、服务的名称	规格型号	单位	数量	单价	金额	税率	税额
棉布		米	800	100	80 000.00	13%	10 400.00
合计					¥80 000.00		¥10 400.00

价税合计（大写）：⊗玖万零肆佰元整　　（小写）¥90 400.00

销售方	名称：北京进源机械制造有限责任公司 纳税人识别号：911101055591834733 地址、电话：北京市朝阳区硕苏街邢宏路20号 010-51399103 开户行及账号：中国建设银行北京市朝阳区支行 41776292724545

备注：北京进源机械制造有限责任公司 911101055591834733 专票专用章

收款人：　　复核：　　开票人：于会林　　销售方（章）

江苏省增值税专用发票（发票联）

No. 53859786 1101188140 53859786
发票代码：1101188140
开票日期：2020年07月07日

购买方	名称：徐州信合家具有限责任公司 纳税人识别号：913203032067927153 地址、电话：江苏省徐州市云龙区李志街王新路22号 0516-07835210 开户行及账号：中国建设银行徐州市云龙区支行 41968261742199

密码区：59*3187<4/+6701<+95-59+7<0866517<0-->-6>525<934993->7*787*3187<4/+8490<+615234439059<+712/<1+9016>1279++>84<549<+95-59+7<7103779<0-->-6>

货物及应税劳务、服务的名称	规格型号	单位	数量	单价	金额	税率	税额
棉布		米	800	100	80 000.00	13%	10 400.00
合计					¥80 000.00		¥10 400.00

价税合计（大写）：⊗玖万零肆佰元整　　（小写）¥90 400.00

销售方	名称：北京进源机械制造有限责任公司 纳税人识别号：911101055591834733 地址、电话：北京市朝阳区硕苏街邢宏路20号 010-51399103 开户行及账号：中国建设银行北京市朝阳区支行 41776292724545

备注：北京进源机械制造有限责任公司 911101055591834733 专票专用章

收款人：　　复核：　　开票人：于会林　　销售方（章）

记账凭证

年　月　日　　　记　字号　　分号

摘要	总账科目	明细科目	借方金额 亿千百十万千百十元角分	贷方金额 亿千百十万千百十元角分	√
	合计				

会计主管：　　记账：　　出纳：　　复核：　　制单：

附单据　张

【业务6】 2020-07-08，取得原始凭证7张。

6-1

差旅费报销单
2020年 07月 08日　　　附原始单据3张

姓名	孙武	工作部门	办公室	出差事由	洽谈公务					
日期		地点		车船费			深夜补贴	途中补贴	住勤费			旅馆费	公交费	金额合计
起	讫	起	讫	车次或船名	时间	金额			地区	天数	补贴			
20200705	20200707	徐州市	上海市	高铁		558.00				3	300.00	600.00		1 458.00

现金付讫

报销金额（大写）人民币 壹仟肆佰伍拾捌元整　　　合计（小写）¥1 458.00
补付金额：　　　　　　　　　　　退回金额：¥542.00
领导批准：梁健　会计主管：苏卫红　部门负责人：郑松涛　审核：苏卫红　报销人：孙武

6-2

6-3

6-4

6-5

江苏省增值税专用发票

No. 16541054

3101185140
16541054

开票日期：2020 年 07 月 07 日

购买方	名　　称：	徐州信合家具有限责任公司	密码区	01＊3187<4/＋3357<＋95-59＋7<5429397<0- －>>-6>525<775584-＞7＊787＊3187<4/＋849 0<＋765348807023＋<712/<1＋9016>5066＋ ＋84>394<＋95-59＋7<5700623<0-->>-6>
	纳税人识别号：	9132030320679271 53		
	地址、电话：	江苏省徐州市云龙区李志街王新路 22 号 0516-07835210		
	开户行及账号：	中国建设银行徐州市云龙区支行 41968261742199		

货物及应税劳务、服务的名称	规格型号	单位	数量	单价	金额	税率	税额
"住宿服务"住宿费		间	2	283.02	566.04	6%	33.96
合　　计					￥566.04		￥33.96

价税合计（大写）　⊗陆佰元整　（小写）￥600.00

销售方	名　　称：	上海市上海百乐门精品酒店有限责任公司	备注	（上海市上海百乐门精品酒店有限责任公司 913101066490652772 专票专用章）
	纳税人识别号：	913101066490652772		
	地址、电话：	上海市静安区王斌街崔增路 87 号 021-33329725		
	开户行及账号：	中国建设银行上海市静安区支行 41718197785298		

收款人：　　　复核：　　　开票人：李翠林　　　销售方（章）

6-6

收款收据

2020 年 07 月 08 日

NO. 0322

今收到　孙武

交来　退还差旅费多余款

金额（大写）　零佰　零拾　零万　零仟　伍佰　肆拾　贰元　零角　零分

￥ 542.00　　☑现金　□转账支票　□其他

收款单位（盖章）

核准：　　会计：　　记账：　　出纳：李彦　　经手人：孙武

6-7

借款单

2020 年 07 月 06 日　　　　　　　　　　　　NO.01826

借款人：孙武	所属部门：办公室
借款用途：出差借款	
借款金额：人民币(大写)贰仟元整	￥2 000.00
部门负责人审批：郑松涛	借款人(签章)：孙武
财务部门审核：苏卫红	
单位负责人批示：同意	签字：柴健
核销记录：收回差旅费多余借款542.00元	

第二联 结算联（结算后记账）

记 账 凭 证
年　月　日　　　　　　　　　记 字号　分号

摘 要	总账科目	明细科目	借方金额 亿千百十万千百十元角分	贷方金额 亿千百十万千百十元角分	√
					□
					□
					□
					□
	合　　计				□

附单据　　张

会计主管：　　记账：　　出纳：　　复核：　　制单：

【业务 7】 2020-07-10，取得原始凭证 2 张。

7-1

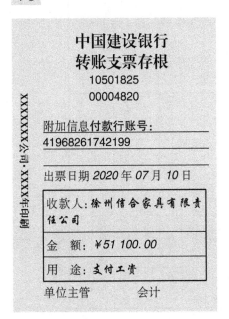

中国建设银行
转账支票存根
10501825
00004820

附加信息付款行账号：
41968261742199

出票日期 2020 年 07 月 10 日

收款人：徐州信合家具有限责任公司

金　额：￥51 100.00

用　途：支付工资

单位主管　　　会计

7-2
2020-07-10

工资发放明细表

单位：元

姓名	部门	岗位	应付工资	专项扣除					专项扣除小计	代扣三险一金				计税基础	代扣个人所得税	代扣款合计	实发工资
				子女教育	继续教育	大病医疗	住房贷款利息	住房租金	赡养老人		代扣医疗保险	代扣养老保险	代扣失业保险	代扣住房公积金				
柴 键	办公室	法定代表人	5 000							0	0	0	0	0	5 000	0	0	5 000
孙 武	办公室	总经理	4 500							0	0	0	0	0	4 500	0	0	4 500
郑松涛	办公室	办公室主任	4 000							0	0	0	0	0	4 000	0	0	4 000
李京书	办公室	办公室职员	3 500							0	0	0	0	0	3 500	0	0	3 500
何月楼	办公室	办公室职员	3 500							0	0	0	0	0	3 500	0	0	3 500
苏卫红	财务部	财务经理	4 000							0	0	0	0	0	4 000	0	0	4 000
李 彦	财务部	出纳	3 500							0	0	0	0	0	3 500	0	0	3 500
杨秋青	财务部	会计	3 800							0	0	0	0	0	3 800	0	0	3 800
赵天俊	生产车间	生产车间主任	4 000							0	0	0	0	0	4 000	0	0	4 000
王秀霞	采购部	采购员	4 800							0	0	0	0	0	4 800	0	0	4 800
果立军	生产车间	车间工人	3 500							0	0	0	0	0	3 500	0	0	3 500
侯金祥	生产车间	车间工人	3 500							0	0	0	0	0	3 500	0	0	3 500
邢志强	生产车间	车间工人	3 500							0	0	0	0	0	3 500	0	0	3 500
合计			51 100	0	0	0	0	0	0	0	0	0	0	0	51 100	0	0	51 100

制单：杨秋青　　审核：苏卫红

记 账 凭 证

年 月 日

记 字号 ＿＿＿ 分号 ＿＿＿

摘 要	总账科目	明细科目	借方金额 亿千百十万千百十元角分	贷方金额 亿千百十万千百十元角分	✓	
					☐	附单据 张
					☐	
					☐	
					☐	
					☐	
	合 计				☐	

会计主管：　　　记账：　　　出纳：　　　复核：　　　制单：

【业务8】 2020-07-11，取得原始凭证1张。

8-1

收 料 单

供应单位：北京进源机械制造有限责任公司　　　2020年07月11日　　　编号：SL042

材料编号	名 称	单位	规格	数 量		实际成本				第二联 记账联
				应收	实收	单价	发票价格	运杂费	总 价	
CL01001	棉布	米		800	800					
备注：										

收料人：　　　　　　　　　　　　　交料人：杨战国

记 账 凭 证

年 月 日

记 字号 ＿＿＿ 分号 ＿＿＿

摘 要	总账科目	明细科目	借方金额 亿千百十万千百十元角分	贷方金额 亿千百十万千百十元角分	✓	
					☐	附单据 张
					☐	
					☐	
					☐	
					☐	
	合 计				☐	

会计主管：　　　记账：　　　出纳：　　　复核：　　　制单：

项目二　记账凭证编制

【业务9】 2020-07-12，取得原始凭证3张。

9-1

3202182140　　　　江苏省增值税专用发票　　No.67548112　　3202182140
　　　　　　　　　　　　抵扣联　　　　　　　　　　　　　67548112
　　　　　　　　　　　　　　　　　　开票日期：2020 年 07 月 12 日

购买方	名　　　　称：徐州信合家具有限责任公司	密码区	13＊3187＜4/＋9622＜+95-59+7＜4676868＜0-->>-6>525<357158->7＊787＊3187＜4/＋4890＜+571073463651+＜712/＜1+9016>2005++>84>782<+95-59+7<8542479<0-->>-6>		
	纳税人识别号：913203032067927153				
	地址、电话：江苏省徐州市云龙区李志街王新路22号 0516-07835210				
	开户行及账号：中国建设银行徐州市云龙区支行 41968261742199				
货物及应税劳务、服务的名称	规格型号	单位	数量	单价	金额	税率	税额
"广告服务"其他广告发布服务		次	1	943.40	943.40	6%	56.60
合　　计					¥943.40		¥56.60
价税合计（大写）	⊗壹仟元整			（小写）¥1 000.00			
销售方	名　　　　称：无锡贺阳机械制造有限责任公司	备注	（发票专用章）		
	纳税人识别号：913202115553985306				
	地址、电话：江苏省无锡市滨湖区赵天街彭亚路39号 0510-55811925				
	开户行及账号：中国建设银行无锡市滨湖区支行 41925297688856				

收款人：　　　复核：　　　开票人：张源　　　销售方（章）

9-2

3202182140　　　　江苏省增值税专用发票　　No.67548112　　3202182140
　　　　　　　　　　　　发票联　　　　　　　　　　　　　67548112
　　　　　　　　　　　　　　　　　　开票日期：2020 年 07 月 12 日

购买方	名　　　　称：徐州信合家具有限责任公司	密码区	13＊3187＜4/＋9622＜+95-59+7＜4676868＜0-->>-6>525<357158->7＊787＊3187＜4/＋4890＜+571073463651+＜712/＜1+9016>2005++>84>782<+95-59+7<8542479<0-->>-6>		
	纳税人识别号：913203032067927153				
	地址、电话：江苏省徐州市云龙区李志街王新路22号 0516-07835210				
	开户行及账号：中国建设银行徐州市云龙区支行 41968261742199				
货物及应税劳务、服务的名称	规格型号	单位	数量	单价	金额	税率	税额
"广告服务"其他广告发布服务		次	1	943.40	943.40	6%	56.60
合　　计					¥943.40		¥56.60
价税合计（大写）	⊗壹仟元整			（小写）¥1 000.00			
销售方	名　　　　称：无锡贺阳机械制造有限责任公司	备注	（发票专用章）		
	纳税人识别号：913202115553985306				
	地址、电话：江苏省无锡市滨湖区赵天街彭亚路39号 0510-55811925				
	开户行及账号：中国建设银行无锡市滨湖区支行 41925297688856				

收款人：　　　复核：　　　开票人：张源　　　销售方（章）

9-3

中国建设银行
转账支票存根
10501825
00003615

附加信息付款行账号：
41968261742199

出票日期 2020 年 07 月 12 日

收款人：无锡贺阳机械制造有限责任公司

金　额：￥1 000.00

用　途：支付广告费

单位主管　　会计

XXXXXXX公司·XXXX年印刷

				借方金额	贷方金额	√
摘要	总账科目	明细科目		亿千百十万千百十元角分	亿千百十万千百十元角分	
						□
						□
						□
						□
						□
						□
	合　计					□

记　账　凭　证
年　月　日　　　记　字号　　分号

会计主管：　　记账：　　出纳：　　复核：　　制单：

附单据　　张

【业务10】 2020-07-25，取得原始凭证3张。

10-1

江苏省增值税专用发票

No. 01794260　　3203187140　01794260

此联不作报销、扣税凭证使用　　开票日期：2020 年 07 月 25 日

购买方	名　称：无锡钢特机械制造有限责任公司 纳税人识别号：913202031142201718 地　址、电　话：江苏省无锡市梁溪区王峻街宋春路71 号 0510-42212496 开户行及账号：中国建设银行无锡市梁溪区支行 41665164251848	密码区	02＊3187<4/+0413<+95-59+7<9489181<0- -->>-6>525<4481401->7＊787＊3187<4/+849 0<+414379580747+<712/<1+9016>3194+ +>84>228<+95-59+7<0498668<0-->-6>

货物及应税劳务、服务的名称	规格型号	单位	数量	单价	金额	税率	税额
"家具"书桌		张	1 000	500	500 000.00	13%	65 000.00
"家具"沙发		个	800	400	320 000.00	13%	41 600.00
合　　计					¥820 000.00		¥106 600.00

价税合计（大写）	⊗玖拾贰万陆仟陆佰元整	（小写）¥926 600.00

销售方	名　称：徐州信合家具有限责任公司 纳税人识别号：913203032067927153 地　址、电　话：江苏省徐州市云龙区李志街王新路 22 号 0516-07835210 开户行及账号：中国建设银行徐州市云龙区支行 41968261742199	备注	

收款人：　　　复核：　　　开票人：李彦　　　销售方（章）

第一联：记账联　销售方记账凭证

10-2

销　售　单

购货单位：无锡钢特机械制造有限责任公司　　地址和电话：江苏省无锡市梁溪区王峻街宋春路71 号 0510-42212696　　单据编号：XS6799
纳税人识别号：913202031142201718　　开户行及账号：中国建设银行无锡市梁溪区支行41665164251848　　制单日期：2020-07-25

编号	产品名称	规格	单位	单价	数量	金额	备注
SP0001	书桌		张	565.00	1 000	565 000.00	
SP0002	沙发		个	452.00	800	361 600.00	
合　计	人民币（大写）：玖拾贰万陆仟陆佰元整				—	¥926 600.00	

销售经理：　　　经手人：　　　会计：杨秋青　　　签收人：岳剑

会计联

10-3

中国建设银行客户专用回单

币别：人民币　　　　　　2020 年 07 月 25 日　　　流水号：320320027J0500810072

付款人	全 称	无锡钢特机械制造有限责任公司	收款人	全 称	徐州信合家具有限责任公司
	账 号	41665164251848		账 号	41968261742199
	开户行	中国建设银行无锡市梁溪区支行		开户行	中国建设银行徐州市云龙区支行

金 额	（大写）人民币玖拾贰万陆仟陆佰元整	（小写）¥926 600.00
凭证种类	电汇	凭证号码
结算方式	结账	转账　货款

打印柜员：320325584268
打印机构：中国建设银行徐州市云龙区支行
打印卡号：41968261742199

（中国建设银行徐州市云龙区支行 电子回单专用章）

打印时间：2020-07-25　　　交易柜员：320325584268　　　交易机构：320310516

第二联　贷方（回单）

记 账 凭 证

　　　　　年　　月　　日　　　　　　　　　　　记　字号　　　分号

摘 要	总账科目	明细科目	借方金额										贷方金额										✓	
			亿	千	百	十	万	千	百	十	元	角	分	亿	千	百	十	万	千	百	十	元	角	分	
																									☐
																									☐
																									☐
																									☐
																									☐
	合　　　　计																								☐

会计主管：　　　记账：　　　出纳：　　　复核：　　　制单：

附单据　张

【业务11】　2020-07-31，取得原始凭证1张。

11-1

固定资产累计折旧计算表

2020-07-31　　　　　　　　　　　　　　　　　　　　　　　　　　　　　　　单位：元

固定资产类别	使用部门	名称	单位	数量	单位成本	原值	投入使用日期	预计使用年限	月折旧率	本月折旧额
房屋及建筑物	办公室	厂房	幢	1	150 000.00	150 000.00	2018-05-03	20		
生产设备	生产车间	生产线	台	1	150 000.00	150 000.00	2018-05-02	10		
电子设备	办公室	格力空调	台	2	3 000.00	6 000.00	2018-06-08	3		
合计						306 000.00				

制表：　　　　　　　　　　　　　　　　　　　　　　　　　　　　　　审核：

记 账 凭 证

年　月　日　　　　　　　　　　　　　　　　　　　记　字号　　分号

摘　要	总账科目	明细科目	借方金额 亿千百十万千百十元角分	贷方金额 亿千百十万千百十元角分	√
	合　　　　计				

会计主管：　　　　　记账：　　　　　出纳：　　　　　复核：　　　　　制单：

【业务12】 2020-07-31,取得原始凭证1张。

12-1

银行借款利息计算单

2020-07-31　　　　　　　　　　　　　　　　　　　　　　　　　　　　　　　单位：元

借款种类	借款金额	贷款年利率	月利息额	备注
8个月周转借款	300 000.00	6%		2020-07-01借入（合同号：46941）
合计				

制表：　　　　　　　　　　　　　　　　　　　　　　　　　　　　　　审核：

记 账 凭 证

年　月　日　　　　　　　记　字号　　分号

摘　要	总账科目	明细科目	借方金额 亿千百十万千百十元角分	贷方金额 亿千百十万千百十元角分	√
合　　计					

会计主管：　　　记账：　　　出纳：　　　复核：　　　制单：

【业务13】 2020-07-31，取得原始凭证3张。

13-1

产品生产工时明细表

2020-07-31　　　　　　　　　　　　　　　单位：小时

车　间	产　品	生产工时
生产车间	书桌	800
生产车间	沙发	700
合　计		1 500

制表：杨秋青　　　　　　　　审核：苏卫红

13-2

工资明细表

2020-07-31　　　　　　　　　　　　　　　单位：元

姓　名	部　门	岗　位	应付工资
柴　键	办公室	法定代表人	5 000.00
孙　武	办公室	总经理	4 500.00
郑松涛	办公室	办公室主任	4 000.00
李京书	办公室	办公室职员	3 500.00
何月楼	办公室	办公室职员	3 500.00
苏卫红	财务部	财务经理	4 000.00
李　彦	财务部	出纳	3 500.00
杨秋青	财务部	会计	3 800.00

续表

姓 名	部 门	岗 位	应付工资
赵天俊	生产车间	生产车间主任	4 000.00
王秀霞	采购部	采购员	4 800.00
栗立军	生产车间	车间工人	3 500.00
侯金祥	生产车间	车间工人	3 500.00
邢志强	生产车间	车间工人	3 500.00
合 计			51 100.00

制表：杨秋青　　　　　　　　　　　　　　　　　　审核：苏卫红

13-3

工资费用分配表

2020-07-31　　　　　　　　　　　　　　　　　　　　　　　　单位：元

项 目	项目明细	直接计入	分配计入			合 计
			生产工时（小时）	分配率	分配金额	
管理费用						
制造费用						
生产成本	书桌					
生产成本	沙发					
合 计						

制表：　　　　　　　　　　　　　　　　　　　　　　　审核：

记 账 凭 证

年　月　日　　　　　　　　　　　　　　　　　　　　记　字号　　分号

摘 要	总账科目	明细科目	借方金额									贷方金额									√
			亿	千	百	十	万	千	百	十	元	角	分	亿	千	百	十	万	千	百	十	元	角	分	
合　计																										

会计主管：　　　　记账：　　　　出纳：　　　　复核：　　　　制单：

【业务 14】 2020-07-31,取得原始凭证 2 张。

14-1

发出材料单位成本计算表

2020-07-31　　　　　　　　　　　　　　　　　　　　　　　　　　　单位:元

材料名称	单位	期初数量	期初金额	本期入库数量	本期入库金额	单位成本
木材	米					
棉布	米					
合　计						

14-2

材料发出汇总表

2020-07-31　　　　　　　　　　　　　　　　　　　　　　　　　　　单位:元

领用部门	领料用途	产品	木材 数量/米	木材 金额	棉布 数量/米	棉布 金额	合计
生产车间	生产产品直接领用	书桌	70		0		
生产车间	生产产品直接领用	沙发	0		80		
合　计							

制表:　　　　　　　　　　　　　　　　　　　　　　　　　　　　审核:

记　账　凭　证

年　月　日　　　　　　　　　　　记　字号　　分号

摘　要	总账科目	明细科目	借方金额 亿千百十万千百十元角分	贷方金额 亿千百十万千百十元角分	√
合　计					

会计主管:　　　　记账:　　　　出纳:　　　　复核:　　　　制单:

【业务 15】 2020-07-31,取得原始凭证 2 张。

15-1

产品生产工时明细表

2020-07-31　　　　　　　　　　　　　　　　　　单位：小时

生产车间	产　品	生产工时
生产车间	书桌	800
生产车间	沙发	700
合　计		1 500

制表：杨秋青　　　　　　　　　　　　　　　　　审核：苏卫红

15-2

制造费用分配表

2020-07-31　　　　　　　　　　　　　　　　　　　　　　单位：元

生产车间	产品	分配标准（工时）	分配率	分配金额
生产车间	书桌			
生产车间	沙发			
合　计				

制表：　　　　　　　　　　　　　　　　　　　　审核：

记 账 凭 证

年　月　日　　　　　　　　　　　记　字号　　　分号

摘　要	总账科目	明细科目	借方金额 亿千百十万千百十元角分	贷方金额 亿千百十万千百十元角分	√
	合　计				

会计主管：　　　记账：　　　出纳：　　　复核：　　　制单：

附单据　　张

【业务16】　2020-07-31,取得原始凭证2张。

16-1

产品产量明细表

2020-07-31　　　　　　　　　　　　　　　　　　　　　　　　　　　　　　　单位：件

生产部门	产品	月初在产品数量	本月投产产品数量	本月完工产品数量	本月产品入库数量	月末在产品数量	投料率	期末在产品完工率
生产车间	书桌	0	60	60	60	0	0	0
生产车间	沙发	0	50	50	50	0	0	0

制表：杨秋青　　　　　　　　　　　　　　　　　　　　　　　　　　审核：苏卫红

16-2

产品成本计算表

2020-07-31　　　　　　　　　　　　　　　　　　　　　　　　　　　　　　　单位：元

生产部门	产品名称	成本项目	月初在产品成本	本月生产费用	生产成本合计	完工产品产量/件	在产品产量/件	在产品约当产量/件	产量合计/件	单位成本	完工产品成本	在产品成本
生产车间	书桌	直接材料										
生产车间	书桌	直接人工										
生产车间	书桌	制造费用										
小计												
生产车间	沙发	直接材料										
生产车间	沙发	直接人工										
生产车间	沙发	制造费用										
小计												
合计												

制表：　　　　　　　　　　　　　　　　　　　　　　　　　　　　　审核：

记 账 凭 证

年　月　日　　　　　　　　　　　　　　　　　　记　字号　　分号

摘　要	总账科目	明细科目	借方金额 亿千百十万千百十元角分	贷方金额 亿千百十万千百十元角分	√
					□
					□
					□
					□
					□
					□
合　　计					□

会计主管：　　　　记账：　　　　出纳：　　　　复核：　　　　制单：

记 账 凭 证

年　月　日　　　　　　　记　字号　　　分号

摘要	总账科目	明细科目	借方金额 亿千百十万千百十元角分	贷方金额 亿千百十万千百十元角分	✓
合　计					

会计主管：　　　记账：　　　出纳：　　　复核：　　　制单：

【业务17】 2020-07-31，取得原始凭证2张。

17-1

库存商品单位成本计算表

2020-07-31　　　　　　　　　　　　　　　　　　　　　　单位：元

产品名称	期初结存		本期入库		本期发出库存 商品单位成本
	数量/件	金　额	数量/件	金　额	
书桌					
沙发					
合　计					

制表：　　　　　　　　　　　　　　　　　　　　　　　审核：

17-2

销售产品成本结转表

2020-07-31　　　　　　　　　　　　　　　　　　　　　　单位：元

领用部门	用　途	书桌		沙发		合计
		数量/件	金额	数量/件	金额	
销售门市部	销售领用					
销售门市部	销售领用					
合　计						

制表：　　　　　　　　　　　　　　　　　　　　　　　审核：

记 账 凭 证

年　月　日

记　字号　　分号

摘要	总账科目	明细科目	借方金额　亿千百十万千百十元角分	贷方金额　亿千百十万千百十元角分	✓
					□
					□
					□
					□
					□
	合　　计				□

附单据　　张

会计主管：　　　记账：　　　出纳：　　　复核：　　　制单：

【业务18】　2020-07-31，取得原始凭证1张。

18-1

税金及附加计算表

2020-07-31　　　　　　　　　　　　　　　　　　　　　　　　单位：元

税(费)种	计税依据(增值税)	税率(征收率)	本期应交税费
应交城市维护建设税		7%	
应交教育费附加		3%	
应交地方教育附加		2%	
合　计			

制表：　　　　　　　　　　　　　　　　　　　　　审核：

记 账 凭 证

年　月　日

记　字号　　分号

摘要	总账科目	明细科目	借方金额　亿千百十万千百十元角分	贷方金额　亿千百十万千百十元角分	✓
					□
					□
					□
					□
					□
	合　　计				□

附单据　　张

会计主管：　　　记账：　　　出纳：　　　复核：　　　制单：

【业务 19】 2020-07-31,取得原始凭证 1 张。

19-1

应交所得税计算表

2020-07-31 单位:元

项目	上期已申报金额	本期金额	本年累计金额
营业收入	5 412 000.00		
营业成本	4 045 998.00		
利润总额	81 655.45		
加:特定业务计算的应纳税所得额			
减:不征税收入			
减:免税收入、减计收入、所得减免等优惠			
减:固定资产加速折旧(扣除)调减额			
减:弥补以前年度亏损			
实际利润额	81 655.45		
税率	25%		
应纳所得税额	20 413.86		
减:减免所得税额			
减:实际已缴纳所得税额	20 413.86		
减:特定业务预缴(征)所得税额			
本期应补(退)所得税额			

制表: 审核:

记 账 凭 证

年 月 日 记 字号 分号

摘 要	总账科目	明细科目	借方金额 亿千百十万千百十元角分	贷方金额 亿千百十万千百十元角分	√
合 计					

会计主管: 记账: 出纳: 复核: 制单:

【业务 20】 2020-07-31,取得原始凭证 1 张。

20-1

损益类账户发生额结转表

2020-07-31　　　　　　　　　　　　　　　　　　　　　　　　　单位:元

科目名称	本期借方发生额	本期贷方发生额
主营业务收入——商品销售收入——书桌		
主营业务收入——商品销售收入——沙发		
主营业务成本——商品销售成本——书桌		
主营业务成本——商品销售成本——沙发		
税金及附加——城市维护建设税		
税金及附加——教育费附加		
税金及附加——地方教育附加		
销售费用——广告宣传费		
管理费用——折旧费		
管理费用——差旅费		
管理费用——工资		
财务费用——利息支出		
所得税费用——当期所得税费用		
合　　计		

制表:　　　　　　　　　　　　　　　　　　　　　　　　　审核:

记　账　凭　证

年　月　日　　　　　　　　　　　　　　　　　记　字号　　分号

摘要	总账科目	明细科目	借方金额 亿千百十万千百十元角分	贷方金额 亿千百十万千百十元角分	√
					□
					□
					□
					□
					□
		合　计			□

会计主管:　　　记账:　　　出纳:　　　复核:　　　制单:

记 账 凭 证

年　月　日

记　字号　　分号

摘　要	总账科目	明细科目	借方金额 亿千百十万千百十元角分	贷方金额 亿千百十万千百十元角分	√
					□
					□
					□
					□
					□
					□
合　　　计					□

附单据　　张

会计主管：　　　记账：　　　出纳：　　　复核：　　　制单：

记 账 凭 证

年　月　日

记　字号　　分号

摘　要	总账科目	明细科目	借方金额 亿千百十万千百十元角分	贷方金额 亿千百十万千百十元角分	√
					□
					□
					□
					□
					□
					□
合　　　计					□

附单据　　张

会计主管：　　　记账：　　　出纳：　　　复核：　　　制单：

项目三　会计账簿登记

项目描述

本项目主要介绍会计账簿登记的规范、要求和方法,通过分析一家小型企业一个月的业务,引导学生阅读会计政策,了解期初余额及总账、明细账的设置,分析记账凭证,进而登记会计账簿。对本项目的学习有助于学生掌握会计账簿的记账规则和登记要求,提升分析记账凭证、登记会计账簿的能力。

学习目标

1. 了解会计账簿的记账规则。
2. 了解会计账簿的登记要求。
3. 通过分析记账凭证,正确进行会计账簿的登记。

一、会计账簿的记账规则

1. 登记账簿的依据

为了保证账簿记录的真实、正确,必须根据审核无误的会计凭证登账。各单位每天发生的各种经济业务都要记账,记账的依据是会计凭证。

2. 登记账簿的时间

各种账簿应当每隔多长时间登记一次,没有统一规定。但是,一般的原则是:总分类账要按照单位所采用的会计核算形式及时登账;各种明细分类账要根据原始凭证、原始凭证汇总表和记账凭证每天进行登记,也可以定期(三天或五天)登记;库存现金日记账和银行存款日记账应当根据办理完毕的收付款凭证随时逐笔顺序进行登记,至少每天登记一次。

3. 登记账簿的规范和要求

(1) 登记账簿时,应当将会计凭证日期、编号、业务内容摘要、金额和其他有关资料逐项记入账内,同时记账人员要在记账凭证上签名或者盖章,并注明已经登账的符号(如打"√"),防止漏记、重记和错记情况的发生。

(2) 各种账簿要按账页顺序连续登记,不得跳行、隔页。如发生跳行、隔页,应将空行、空页划线注销,或者注明"此行空白"或"此页空白"字样,并由记账人员签名或盖章。

(3) 登记账簿时,要用蓝黑墨水或者碳素墨水书写,不得用圆珠笔(银行的复写账簿除外)或者铅笔书写。红色墨水只能用于制度规定的"按红字冲账的记账凭证,冲销错误记录;在不设借贷等栏的多栏式账页中,登记减少数;在三栏式账户的余额栏前,如未印明余额方向的,在余额栏内登记负数金额"。

（4）记账要保持清晰、整洁,记账文字和数字要端正、清楚、书写规范,一般应占账簿格距的二分之一,以便留有改错的空间。

（5）凡需要结出余额的账户,应当定期结出余额。库存现金日记账和银行存款日记账必须逐日结出余额。结出余额后,应在"借"或"贷"栏内写明"借"或"贷"的字样。没有余额的账户,应在该栏内写"平"字并在余额栏"元"位上用"0"表示。

（6）每登记满一张账页结转下页时,应当结出本页合计数和余额,在该账页最末一行"摘要"栏注明"转次页"或"过次页",并将这一金额记入下一页第一行有关金额栏内,在该行"摘要"栏注明"承前页",以保持账簿记录的连续性,便于对账和结账。

（7）对需要结计本月发生额的账户,结计"过次页"的本页合计数应当为自本月初起至本页末止的发生额合计数;对需要结计累计发生额的账户,结计"过次页"的本页合计数应当为自年初起至本页末止的累计数;对既不需要结计本月发生额也不需要结计本年累计发生额的账户,可以只将每页末的余额结转次页。

二、会计账簿的对账和结账

（一）对账

对账是指在会计核算中对会计账簿进行核对。对账工作是保证账账、账证、账实相符的重要条件。对账工作的主要内容包括以下三个方面:

（1）账证核对。检查库存现金和银行存款日记账是否与相关会计凭证相符,检查两者的时间、凭证内容、金额、凭证编号是否一致。如果月末发现账证不一致,应重新检查账证的核对,以确保账证相符。

（2）账账核对。它是指在对账的基础上,将库存现金日记账和银行存款日记账的期末余额与账户现金和银行存款分类账的期末余额进行核对,使账账相符。

（3）账实核对。它是指将库存现金日记账的账面余额与实际库存现金进行核对(须每日进行),将银行存款日记账账面余额与银行对账单余额进行核对(一般每月应与银行对账单核对),让账实相符。

（二）结账

（1）结账是将账簿记录定期结算清楚的会计工作。在一定时期结束时,如月末、季末或年末,为了编制财务报表,需要进行结账,具体包括月结、季结和年结。计算登记各种账簿本期发生额及期末余额的工作,一般都是按月进行,称为月结;有的账目还应该按季去结算,则称为季结;年度终了,还应该进行年终结账,称之为年结。期末结账主要采用划线结账法。也就是说期末结出各账户的本期发生额及期末余额后,加以划线标记,将期末余额结转下期。结账时,不同的账户记录应分别采用不同的方法。

（2）结账的内容通常包括两个方面:一是结清各种损益类账户,并据以计算确定本期利润;二是结出各资产、负债和所有者权益账户的本期发生额合计和期末余额。

（3）结账的程序;结账前,将本期发生的经济业务全部登记入账,并保证其正确性。对于发现的错误,应采用适当的方法进行更正。在本期经济业务全面入账的基础上,根据权责发生制的要求,调整有关账项,合理确定应计入本期的收入和费用。将各损益类账户余额全部转入"本年利润"账户,结平所有损益类账户。结出资产、负债和所有者权益账户的本期发生额和期末余额,并转入下期。上述工作完成后,就可以根据总分类账和明细分类账的本期发生额和期末余额,分别进行试算平衡。

(三) 结账的要点

(1) 对于需要按月结计发生额的收入、费用等明细账和库存现金、银行存款日记账,在期末结账时,要在最后一笔经济业务记录下面通栏划单红线,结出本月发生额和余额,在摘要栏内注明"本月合计"字样,并在"本月合计"栏下面通栏划单红线。

(2) 对于需要结计本年累计发生额的明细账户,每月结账时,应在"本月合计"行下结出自年初起至本月末止的累计发生额,登记在月份发生额下面,在摘要栏内注明"本年累计"字样,并在下面通栏划单红线。12月末的"本年累计"就是全年累计发生额,全年累计发生额下通栏划双红线。

(3) 对于不需要按月结计本期发生额的科目,如各种应收、应付明细账和各项财产物资明细账等,每次记账以后,都要随时结出余额,每月最后一笔余额即月末余额。月末结账时,只需要在最后一笔经济业务记录下面通栏划单红线,不需要再次结计余额。

(4) 总账账户平时只需要结出月末余额。年终结账时,为了总括地反映全年各项资金运动情况的全貌,核对账目,要将所有总账账户结出全年发生额和年末余额,在摘要栏内注明"本年合计"字样,并在合计数下通栏划双红线。

(5) 年度终了结账时,会计人员需要记账,有余额的账户,要将其余额结转下年,并在摘要栏注明"结转下年"字样;在下一会计年度新建有关账户的第一行余额栏内填写上年结转的余额,并在摘要栏注明"上年结转"字样,使年末有余额账户的余额如实地反映在账户中,以免混淆有余额的账户和无余额的账户。

三、会计账簿的登记

(一) 单项案例

下面以徐州龙威机械制造有限责任公司2020年7月发生的经济业务为例,详细说明会计账簿的记账规则和登记要求。以原材料明细账(数量金额式)、应收账款总账(三栏式)和管理费用明细账(多栏式)的登记为例,详细说明日记账、总账及各类主要明细账的登记方法。

会计账簿具体登记如下所述。

1. 主体企业信息

(1) 企业名称:徐州龙威机械制造有限责任公司。
(2) 社会信用代码:913203026307045023。
(3) 企业地址:江苏省徐州市鼓楼区王志街吴洪路56号。
(4) 企业电话号码:0516-67115588。
(5) 企业增值税类型:一般纳税人。
(6) 预留银行印鉴:徐州龙威机械制造有限责任公司财务专用章和法定代表人私章。
(7) 基本户银行账号:41468988571350。

(8) 一般存款户账号：62390243190088。

(9) 记账本位币：人民币。

(10) 执行的会计准则：《企业会计准则》。

2. 管理费用明细分类账登账练习

请根据下面的业务资料，登记管理费用明细分类账簿，并进行月度结账。

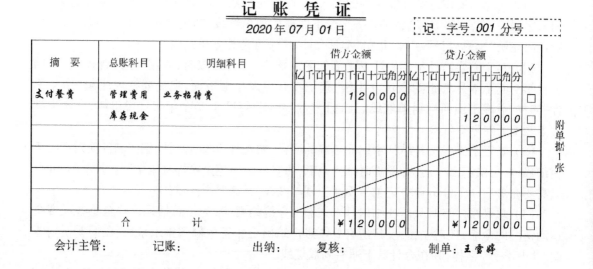

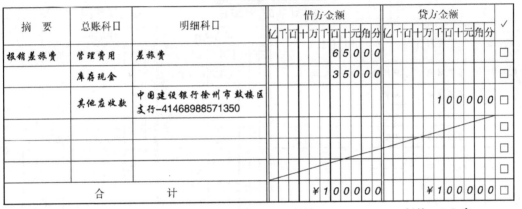

记 账 凭 证
2020 年 07 月 30 日　　　记 字号 005 分号

摘要	总账科目	明细科目	借方金额	贷方金额	√
支付水电费	管理费用	水电费	¥2 000 00		
	应交税费	应交增值税——进项税额	42 00		
	银行存款	中国建设银行徐州市鼓楼区支行-41468988571350		¥2 420 00	
合　　计			¥2 420 00	¥2 420 00	

会计主管：　　记账：　　出纳：　　复核：　　制单：王雪婷

附单据 3 张

项目三　会计账簿登记　129

记 账 凭 证
2020 年 07 月 30 日 记 字号 006 分号

摘要	总账科目	明细科目	借方金额	贷方金额
计提折旧	管理费用	折旧费	12300000	
	制造费用	折旧费	1000000	
	累计折旧			13300000
合计			¥13300000	¥13300000

会计主管：　　记账：　　出纳：　　复核：　　制单：王雪婷

附单据 1 张

记 账 凭 证
2020 年 07 月 30 日 记 字号 007 分号

摘要	总账科目	明细科目	借方金额	贷方金额
分配工资	生产成本	甲产品——直接人工	3000000	
	制造费用	工资	1000000	
	管理费用	工资	180000	
	应付职工薪酬	工资		4180000
合计			¥4180000	¥4180000

会计主管：　　记账：　　出纳：　　复核：　　制单：王雪婷

附单据 3 张

记 账 凭 证
2020 年 07 月 31 日 记 字号 008 分号 1/2

摘要	总账科目	明细科目	借方金额	贷方金额
结转损益类账户	本年利润		1548500	
	管理费用	业务招待费		120000
	管理费用	办公费		200000
	管理费用	修理费		800000
	管理费用	差旅费		65000
	管理费用	水电费		200000
合计				

会计主管：　　记账：　　出纳：　　复核：　　制单：王雪婷

附单据 1 张

记 账 凭 证

2020 年 07 月 31 日　　　　　记　字号 008 分号 2/2

摘 要	总账科目	明细科目	借方金额 亿千百十万千百十元角分	贷方金额 亿千百十万千百十元角分	✓
	管理费用	折旧费		1 2 3 0 0 0 0 0	□
	制造费用	工资		1 8 0 0 0 0 0	□
					□
					□
					□
	合　　计		￥1 5 4 8 5 0 0 0	￥1 5 4 8 5 0 0 0	□

附单据 同记 008 1/2 张

会计主管：　　　记账：　　　出纳：　　　复核：　　　制单：王雪婷

管理费用多栏式明细表

二级科目：_____

2020年		凭证号数	摘要	借方	贷方	借或贷	余额	(借)方 项 目						
月	日							业务招待费	水电费	办公费	修理费	差旅费	折旧费	工资
06	29		本月页	7208267.50	7208267.50		0.00							
06	30		本月合计	10297525.0	10297525.0		0.00							

3. 原材料登账练习

请根据下面的业务资料，登记原材料明细分类账簿，并进行月度结账。

记 账 凭 证
2020 年 07 月 01 日　　　　　记　字号 001 分号

摘要	总账科目	明细科目	借方金额 亿千百十万千百十元角分	贷方金额 亿千百十万千百十元角分	√
购入原材料，并入库	原材料	A01	2 2 0 0 0 0 0		□
	应交税费	应交增值税——进项税额	2 8 6 0 0 0		□
	应付票据	徐州长江股份有限公司		2 4 8 6 0 0 0	□
					□
					□
合　　计			¥ 2 4 8 6 0 0 0	¥ 2 4 8 6 0 0 0	□

附单据 3 张

会计主管：　　记账：　　出纳：　　复核：　　制单：王雪婷

收 料 单
供应单位：徐州长江股份有限公司　　2020 年 07 月 01 日　　编号：001

材料编号	名称	单位	规格	数量		实际成本			
				应收	实收	单价	发票价格	运杂费	总价
01	A01	千克		550	550				
备注：									

第二联　记账联

收料人：张一　　　　　　　　　　交料人：李乐

记 账 凭 证
2020 年 07 月 03 日　　　　　记　字号 002 分号

摘要	总账科目	明细科目	借方金额 亿千百十万千百十元角分	贷方金额 亿千百十万千百十元角分	√
购入原材料入库，款已付	原材料	A01	5 2 0 0 0 0 0		□
	应交税费	应交增值税——进项税额	6 7 6 0 0 0		□
	银行存款	中国建设银行徐州市鼓楼区支行-41468988571350		5 8 7 6 0 0 0	□
					□
					□
合　　计			¥ 5 8 7 6 0 0 0	¥ 5 8 7 6 0 0 0	□

附单据 3 张

会计主管：　　记账：　　出纳：　　复核：　　制单：王雪婷

项目三　会计账簿登记

收 料 单

供应单位：徐州长江股份有限公司　　2020年07月03日　　编号：002

材料编号	名称	单位	规格	数量		实际成本			
				应收	实收	单价	发票价格	运杂费	总价
01	A01	千克		1 300	1 300				

备注：

收料人：张一　　　　　　　　　　交料人：李乐

第二联　记账联

记 账 凭 证

2020年07月11日　　　记 字号 003 分号

摘要	总账科目	明细科目	借方金额 亿千百十万千百十元角分	贷方金额 亿千百十万千百十元角分	√
购入原材料，验入库	原材料	A01	2 2 0 0 0 0 0		□
	应交税费	应交增值税——进项税额	2 8 6 0 0 0		□
	应付账款	徐州长江股份有限公司		2 4 8 6 0 0 0	□
					□
					□
	合　　计		¥2 4 8 6 0 0	¥2 4 8 6 0 0	□

附单据　张

会计主管：　　记账：　　出纳：　　复核：　　制单：王雪婷

收 料 单

供应单位：徐州长江股份有限公司　　2020年07月11日　　编号：003

材料编号	名称	单位	规格	数量		实际成本			
				应收	实收	单价	发票价格	运杂费	总价
01	A01	千克		550	550				

备注：

收料人：张一　　　　　　　　　　交料人：李乐

第二联　记账联

记 账 凭 证

2020 年 07 月 25 日　　　　　记 字号 004 分号

摘要	总账科目	明细科目	借方金额 亿千百十万千百十元角分	贷方金额 亿千百十万千百十元角分	√
本月在途材料入库	原材料	A01	1 1 2 0 0 0 0		
	在途物资	A01		1 1 2 0 0 0 0	
合　　计			¥ 1 1 2 0 0 0 0	¥ 1 1 2 0 0 0 0	

附单据1张

会计主管：　　记账：　　出纳：　　复核：　　制单：王雪婷

收 料 单

供应单位：徐州长江股份有限公司　　2020 年 07 月 25 日　　　　编号：004

材料编号	名称	单位	规格	数量		实际成本			
				应收	实收	单价	发票价格	运杂费	总价
01	A01	千克		280	280				
备注：									

第二联　记账联

收料人：张一　　　　　　　　　交料人：李乐

记 账 凭 证

2020 年 07 月 31 日　　　　　记 字号 005 分号

摘要	总账科目	明细科目	借方金额 亿千百十万千百十元角分	贷方金额 亿千百十万千百十元角分	√
生产领用材料	生产成本	甲产品——直接材料	1 4 4 0 0 0 0 0		
	原材料	A01		1 4 4 0 0 0 0 0	
合　　计			¥ 1 4 4 0 0 0 0 0	¥ 1 4 4 0 0 0 0 0	

附单据1张

会计主管：　　记账：　　出纳：　　复核：　　制单：王雪婷

项目三　会计账簿登记

领 料 单

领料部门：*生产车间*
用　　途：*生产甲产品*　　　　　　*2020*年*7*月*31*日　　　　　　编号：001

材料编号	名　称	规　格	计量单位	请领数量	实发数量	备注
01	A01		千克	*3 600*	*3 600*	

领料人：*郭畅*　　　　　　　　　　　　发料人：*吴雪*

第一联　存根联

原材料数量金额式明细账

分页：_____ 总页：_____

最高存量：_____ 储备天数：_____
最低存量：_____ 存放地点：_____ 计量单位：_____ 编号、名称 A01 规格：_____ 类别：_____

2020年		凭证字号	摘要	收入				发出				结存				核对
月	日			数量	单价	金额 亿千百十万千百十元角分		数量	单价	金额 亿千百十万千百十元角分		数量	单价	金额 亿千百十万千百十元角分		
06	20		承前页	19 050	40.00	7 6 2 0 0 0 0 0		8 970	40.00	3 5 8 8 0 0 0 0		18 320	40.00	7 3 2 8 0 0 0 0		□
			略													
06	30		本月合计及余额	19 800	40.00	7 9 2 0 0 0 0 0		14 640	40.00	5 8 5 6 0 0 0 0		13 400	40.00	5 3 6 0 0 0 0 0		□

项目三 会计账簿登记 | 137

4. 应收账款总账登账练习

请根据下面的业务资料,按旬采用科目汇总表账务处理程序登记总分类账簿,并进行月度结账,不要求编制科目汇总表。

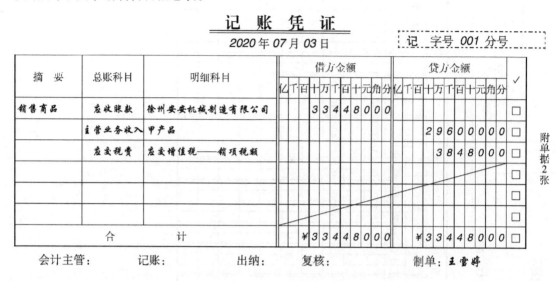

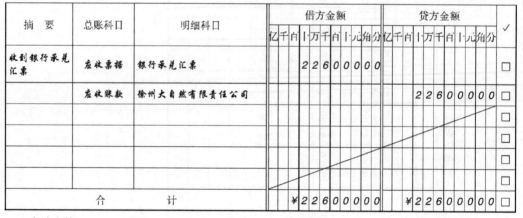

记 账 凭 证

2020 年 07 月 24 日 　　　记 字号 003 分号

摘要	总账科目	明细科目	借方金额	贷方金额	√
收到货款	银行存款	中国建设银行徐州市鼓楼区支行-41468988571350	8000 00		
	应收账款	徐州GD有限责任公司		8000 00	
	合计		¥8000 00	¥8000 00	

会计主管：　　记账：　　出纳：　　复核：　　制单：王雪婷

附单据1张

记 账 凭 证

2020 年 07 月 26 日 　　　记 字号 004 分号

摘要	总账科目	明细科目	借方金额	贷方金额	√
销售商品	应收账款	徐州安安机械制造有限公司	56500 00		
	主营业务收入	乙产品		50000 00	
	应交税费	应交增值税——销项税额		6500 00	
	合计		¥56500 00	¥56500 00	

会计主管：　　记账：　　出纳：　　复核：　　制单：王雪婷

附单据2张

应收账款总账

科目：应收账款

2020年		凭证		摘要	√	借方	贷方	借或贷	余额
月	日	字	号			亿千百十万千百十元角分	亿千百十万千百十元角分		亿千百十万千百十元角分
06	29			承前页		2242936800	2156670000	借	8626 8000
06	30			本月合计及余额		2242936800	2156670000	借	8626 8000

(二) 综合案例及训练

【范例业务1】 请根据"项目二 记账凭证编制"部分的内容,登记徐州味丰食品有限公司银行存款——中国建设银行徐州市泉山区支行,账号41290317115267 的人民币户日记账,并进行月度结账。(登记日记账,不做每日合计)

银行存款日记账

开户行：中国建设银行徐州市泉山区支行
账　号：41290317115267

2020年		凭证		支票号码	摘要	对方科目	收入(借方余额) 亿千百十万千百十元角分	支出(贷方金额) 亿千百十万千百十元角分	余额(结存余额) 亿千百十万千百十元角分	核对
月	日	种类	号数							
06	29				承前页		7 4 5 7 3 1 8	6 2 1 4 4 3 2 0 0	1 2 4 2 8 8 6 3	□
06	30				本月合计		7 4 5 7 3 1 8	6 2 1 4 4 3 2 0 0	1 2 4 2 8 8 6 3	□
07	01	记	002		接受货币资金投资	实收资本	1 0 0 0 0 0 0 0		2 2 4 2 8 8 6 3	□
07	03	记	003	00007732	提取备用金	库存现金		5 0 0 0 0	2 2 3 7 8 8 6 3	□
07	12	记	007	00003732	支付上月工资并代扣三险一金及个税	应付职工薪酬		5 1 6 0 0 0 0	1 7 2 1 8 8 6 3	□
07	22	记	009		支付餐费	管理费用		2 0 0 0 0 0	1 7 0 1 8 8 6 3	□
07	25	记	010		销售产品	主营业务收入等	4 2 9 4 0 0 0 0		5 9 9 5 8 8 6 3	□
07	31				本月合计及余额		5 2 9 4 0 0 0 0	5 4 1 0 0 0 0	5 9 9 5 8 8 6 3	□
										□
										□
										□
										□
										□
										□
										□
										□
										□
										□

【范例业务2】 请根据"项目二 记账凭证编制"部分的内容,按旬采用科目汇总表账务处理程序登记徐州味丰食品有限责任公司银行存款总分类账簿,并进行月度结账,不要求编制科目汇总表。

银行存款总账

科目：银行存款

2020年		凭证		摘要	✓	借方 亿千百十万千百十元角分	贷方 亿千百十万千百十元角分	借或贷	余额 亿千百十万千百十元角分
月	日	字	号						
06	29			承前页	☐			借	1 3 4 6 4 9 2 3
06	30			本月合计及余额	☐	3 5 0 0 8 8 0 0	3 3 6 6 2 3 0 8	借	1 3 4 6 4 9 2 3
07	10	科汇	01	01—10汇总	☐	2 0 0 0 0 0 0	5 0 0 0 0	借	3 3 4 1 4 9 2 3
07	20	科汇	02	11—20汇总	☐		5 1 6 0 0 0 0	借	2 8 2 5 4 9 2 3
07	31	科汇	03	21—31汇总	☐	4 2 9 4 0 0 0 0	2 0 0 0 0 0	借	7 0 9 9 4 9 2 3
07	31			本月合计及余额	☐	6 2 9 4 0 0 0 0	5 4 1 0 0 0 0	借	7 0 9 9 4 9 2 3
					☐				
					☐				
					☐				
					☐				

【练习业务1】 请根据"项目二 记账凭证编制"部分的内容，登记徐州信合家具有限责任公司银行存款——中国建设银行徐州市云龙区支行，账号41968261742199的人民币户日记账，并进行月度结账。（登记日记账，不做每日合计）

银行存款日记账

开户行：中国建设银行徐州市云龙区支行
账　号：41968261742199

2020年		凭证		支票号码	摘要	对方科目	收入（借方余额） 亿千百十万千百十元角分	支出（贷方金额） 亿千百十万千百十元角分	余额（结存余额） 亿千百十万千百十元角分	核对
月	日	种类	号数							
06	29				承前页		1 0 1 8 6 2 4 7	8 4 8 8 5 4 0 0 0	1 6 9 7 7 0 7 9	☐
06	30				本月合计		1 0 1 8 6 2 4 7	8 4 8 8 5 4 0 0 0	1 6 9 7 7 0 7 9	☐
										☐
										☐
										☐
										☐
										☐
										☐
										☐
										☐
										☐

【练习业务2】 请根据"项目二 记账凭证编制"部分的内容，按旬采用科目汇总表账务处理程序登记徐州信合家具有限责任公司银行存款的总分类账簿，并进行月度结账，不要求编制科目汇总表。

银行存款总账

科目：银行存款

2020年		凭证		摘要	✓	借方										贷方										借或贷	余额									
月	日	字	号			亿	千	百	十	万	千	百	十	元	角	分	亿	千	百	十	万	千	百	十	元	角	分		亿	千	百	十	万	千	百	十	元	角	分
06	29			承前页	☐				5	3	1	4	4	7	5	1				5	1	1	0	0	7	2	3	借				2	0	4	4	0	2	8	9
06	30			本月合计及余额	☐				5	3	1	4	4	7	5	1				5	1	1	0	0	7	2	3	借				2	0	4	4	0	2	8	9
					☐																																	
					☐																																	
					☐																																	
					☐																																	
					☐																																	
					☐																																	

项目四　财务报表编制

项目描述

　　本项目主要介绍财务报表编制的规范、要求和方法,通过分析一家小型企业期初余额、本期发生额及期末余额的情况,引导学生进行资产负债表、利润表各单项项目的填列,并进行资产负债表、利润表整体编制。对本项目的学习有助于学生掌握财务报表的编制规范和要求,提升综合分析账簿数据、编制财务报表的能力。

学习目标

1. 了解财务报表的编制要求。
2. 了解财务报表的编制方法。
3. 能进行资产负债表、利润表各单项项目的填列。
4. 能进行资产负债表、利润表整体编制。

一、财务报表的编制要求

1. 数字真实

财务报表中的各项数据必须真实可靠,如实地反映企业的财务状况、经营成果和现金流量。这是对会计信息质量的基本要求。

2. 内容完整

财务报表应当反映企业经济活动的全貌,全面反映企业的财务状况和经营成果,这样才能满足各有关方面对会计信息的需要。凡是国家要求提供的财务报表,各企业必须全部编制并报送,不得漏编和漏报。凡是国家统一要求披露的信息,都必须披露。

3. 计算准确

日常的会计核算及财务报表编制涉及大量的数字计算,只有准确的计算才能保证数字的真实可靠。这就要求编制财务报表必须以核对无误后的账簿记录和其他有关资料为依据,不能使用估计或推算的数据,更不能以任何方式弄虚作假,玩数字游戏或隐瞒谎报。

4. 报送及时

及时性是信息的重要特征,财务报表信息只有及时地传递给信息使用者,才能为使用者的决策提供依据。否则,即使是真实可靠和内容完整的财务报告,由于编制和报送不及时,也会大大降低会计信息的使用价值。

5. 手续完备

企业对外提供的财务报表应加具封面、装订成册、加盖公章。财务报表封面上应当注明企业名称、企业统一代码、企业组织形式、企业地址,报表所属年度或者月份、报出日期,并由企业负责人、主管会计工作的负责人、会计机构负责人(会计主管人员)签名并盖章;设置总会计师的企业,还应当由总会计师签名并盖章。

二、财务报表的编制方法

(一)资产负债表的编制方法

资产负债表的各项目须填列"上年年末余额""期末余额"两栏。

(1)"上年年末余额"栏内的各项数字应根据上年年末资产负债表的"期末余额"栏内的数字填列。如果本年度资产负债表各项目的名称和内容与上年度相比发生变化,应对上年年末资产负债表各项目的名称和数字按本年度的规定进行调整,按调整以后的数字填列。

(2)"期末余额"栏内各数字可为月末、季末、年末的数字,应根据会计账簿记录填列。关键资产负债表项目编制方法如下表:

报表项目	具体编制方法
货币资金	根据"库存现金""银行存款""其他货币资金"的总账科目余额之和填列
应收账款和预收款项	"应收账款"项目="应收账款"明细科目的借方余额+"预收账款"明细科目的借方余额-坏账准备(应收账款相关部分); "预收款项"项目="应收账款"明细科目的贷方余额+"预收账款"明细科目的贷方余额
应付账款和预付款项	"预付款项"项目="应付账款"明细科目的借方余额+"预付账款"明细科目的借方余额-坏账准备(预付账款相关部分); "应付账款"项目="应付账款"明细科目的贷方余额+"预付账款"明细科目的贷方余额
其他应收款	"应收利息"+"应收股利"+"其他应收款"-"坏账准备"
存货	根据"原材料""材料采购""在途物资""材料成本差异""库存商品""发出商品""受托代销商品""受托代销商品款""委托加工物资""生产成本""周转材料""存货跌价准备"等科目余额相加或相减后填列
固定资产	"固定资产"-"累计折旧"-"固定资产减值准备"+"固定资产清理"
无形资产	"无形资产"-"累计摊销"-"无形资产减值准备"
短期借款	抄自"短期借款"账面余额
应付职工薪酬	抄自"应付职工薪酬"账面余额
应交税费	抄自"应交税费"账面余额
实收资本(或股本)	抄自"实收资本"或"股本"账面余额
资本公积	抄自"资本公积"账面余额
其他综合收益	抄自"其他综合收益"账面余额
盈余公积	抄自"盈余公积"账面余额
未分配利润	根据"本年利润"和"利润分配"的余额计算填列

（二）利润表的编制方法

利润表的各项目须填列"上期金额""本期金额"两栏。

（1）利润表中"上期金额"栏的数字，应根据上年度利润表中的"本期金额"栏内所列数字填列，如果上年该期利润表规定的各个项目的名称和内容与本年度相比发生变化，应对上年报表各项目的名称和数字按本年度的规定进行调整，按调整以后的数字填列。

（2）利润表中"本期金额"栏中各项指标的编制方法如下表：

项　　目	编制方法
一、营业收入	="主营业务收入"+"其他业务收入"
减：营业成本	="主营业务成本"+"其他业务成本"
税金及附加	="税金及附加"
销售费用	="销售费用"
管理费用	="管理费用"
研发费用	="研发费用"+"无形资产摊销"
财务费用（收益以"-"号填列）	="财务费用"
加：其他收益	="其他收益"
投资收益（损失以"-"号填列）	="投资收益"
净敞口套期收益（损失以"-"号填列）	="净敞口套期损益"
公允价值变动收益（损失以"-"号填列）	="公允价值变动损益"
信用减值损失	="信用减值损失"
资产减值损失	="资产减值损失"
资产处置收益	="资产处置损益"
二、营业利润（亏损以"-"号填列）	推算认定
加：营业外收入	="营业外收入"
减：营业外支出	="营业外支出"
三、利润总额（亏损总额以"-"填列）	推算认定
减：所得税费用	="所得税费用"
四、净利润（净亏损以"-"填列）	推算认定
五、其他综合收益的税后净额	
六、综合收益总额	
七、每股收益	

三、财务报表的编制实例

请根据徐州行之有限公司2020年7月期初余额、本期发生额和期末余额表填制2020年7月的资产负债表和利润表。

科目代码	总账科目	明细科目	期初借方余额	期初贷方余额	本期借方发生额	本期贷方发生额	期末借方余额	期末贷方余额
1001	库存现金		1 000.00		2 000.00	1 500.00	1 500.00	
1002	银行存款		367 575.00		90 000.00	253 075.00	204 500.00	
1122	应收账款				242 700.00	65 000.00	177 700.00	
112201	应收账款	久盛股份有限公司			232 700.00	20 000.00	212 700.00	
112202	应收账款	一兰股份有限公司			10 000.00	45 000.00		35 000.00
1123	预付账款				20 000.00		20 000.00	
112301	预付账款	凯富有限公司			20 000.00		20 000.00	
1403	原材料		100 000.00		158 000.00	126 000.00	132 000.00	
1405	库存商品		180 000.00		144 000.00	121 000.00	203 000.00	
1601	固定资产		20 000.00		80 000.00		100 000.00	
1602	累计折旧			5 000.00		30 000.00		35 000.00
2202	应付账款				70 000.00	55 000.00	15 000.00	
220201	应付账款	宏达科技有限公司			30 000.00	45 000.00		15 000.00
220202	应付账款	美联有限公司			40 000.00	10 000.00	30 000.00	
2203	预收账款					17 000.00		17 000.00
220301	预收账款	丰联有限公司				17 000.00		17 000.00
2211	应付职工薪酬			95 000.00	95 000.00	90 000.00		90 000.00
4103	本年利润			200 000.00	1 095 875.00	1 277 000.00		381 125.00

续表

科目代码	总账科目	明细科目	期初借方余额	期初贷方余额	本期借方发生额	本期贷方发生额	期末借方余额	期末贷方余额
4104	利润分配			388 575.00				388 575.00
410401	利润分配	未分配利润		388 575.00				388 575.00
5001	生产成本		20 000.00		233 000.00	195 000.00	58 000.00	
6001	主营业务收入				1 251 000.00	1 251 000.00		
6051	其他业务收入				23 000.00	23 000.00		
6401	主营业务成本				840 000.00	840 000.00		
6402	其他业务成本				12 000.00	12 000.00		
6403	税金及附加				25 000.00	25 000.00		
6602	管理费用				23 000.00	23 000.00		
6603	销售费用				125 000.00	125 000.00		
6604	财务费用				8 000.00	8 000.00		
6301	营业外收入				3 000.00	3 000.00		
6711	营业外支出				2 500.00	2 500.00		
6605	所得税费用				60 375.00	60 375.00		

1. 编制徐州行之有限公司 2020 年 7 月资产负债表

资产负债表

编制单位：徐州行之有限公司　　　　2020 年 07 月 31 日　　　　会企 01 表　单位：元

资　产	期末余额	上年年末余额	负债和所有者权益（或股东权益）	期末余额	上年年末余额
流动资产：			流动负债：		
货币资金	206 000.00		短期借款		
交易性金融资产			交易性金融负债		
衍生金融资产			衍生金融负债		
应收票据			应付票据		
应收账款	212 700.00		应付账款	15 000.00	
应收款项融资			预收款项	52 000.00	
预付款项	50 000.00		合同负债		
其他应收款			应付职工薪酬	90 000.00	
存货	393 000.00		应交税费		
合同资产			其他应付款		
持有待售资产			持有待售负债		
一年内到期的非流动资产			一年内到期的非流动负债		
其他流动资产			其他流动负债		
流动资产合计	861 700.00		流动负债合计	157 000.00	
非流动资产：			非流动负债：		
债权投资			长期借款		
其他债权投资			应付债券		
长期应收款			其中：优先股		
长期股权投资			永续债		
其他权益工具投资			租赁负债		
其他非流动金融资产			长期应付款		
投资性房地产			预计负债		
固定资产	65 000.00		递延收益		
在建工程			递延所得税负债		
生产性生物资产			其他非流动负债		
油气资产			非流动负债合计		

续表

资产	期末余额	上年年末余额	负债和所有者权益（或股东权益）	期末余额	上年年末余额
使用权资产			负债合计	157 000.00	
无形资产			所有者权益（或股东权益）：		
开发支出			实收资本（或股本）		
商誉			其他权益工具		
长期待摊费用			其中：优先股		
递延所得税资产			永续债		
其他非流动资产			资本公积		
非流动资产合计	65 000.00		减：库存股		
			其他综合收益		
			专项储备		
			盈余公积		
			未分配利润	769 700.00	
			所有者权益（或股东权益）合计	769 700.00	
资产总计	926 700.00		负债和所有者权益（或股东权益）总计	926 700.00	

答案解析：

（1）货币资金＝1 500.00＋204 500.00＝206 000.00（元）。

（2）应收账款＝212 700.00（元）（久盛股份有限公司明细账余额）。

（3）预付款项＝20 000.00（凯雷有限公司明细账余额）＋30 000.00（美联有限公司明细账余额）＝50 000.00（元）。

（4）存货＝132 000.00＋203 000.00＋58 000.00＝393 000.00（元）。

（5）流动资产合计＝206 000.00＋212 700.00＋50 000.00＋393 000.00＝861 700.00（元）。

（6）固定资产＝100 000.00－35 000.00＝65 000.00（元）。

（7）非流动资产合计＝65 000.00（元）。

（8）资产总计＝861 700.00＋65 000.00＝926 700.00（元）。

（9）应付账款＝15 000.00（元）（宏达科技有限公司明细账余额）。

（10）预收款项＝35 000.00（一兰股份有限公司明细账余额）＋17 000.00（丰联有限公司明细账余额）＝52 000.00（元）。

（11）应付职工薪酬＝90 000.00（元）。

（12）流动负债合计＝15 000.00＋52 000.00＋90 000.00＝157 000.00（元）。

（13）负债合计＝157 000.00（元）。

（14）未分配利润＝381 125.00＋388 575.00＝769 700.00（元）。

（15）所有者权益合计＝769 700.00（元）。

（16）负债和所有者权益总计＝157 000.00+769 700.00＝926 700.00（元）。

2. 编制徐州行之有限公司2020年7月利润表

利润表

会企02表

编制单位：徐州行之有限公司　　　2020年07月　　　单位：元

项　　目	本期金额	上期金额
一、营业收入	127 4000.00	
减：营业成本	852 000.00	
税金及附加	25 000.00	
销售费用	125 000.00	
管理费用	23 000.00	
研发费用		
财务费用	8 000.00	
其中：利息费用		
利息收入		
加：其他收益		
投资收益（损失以"－"号填列）		
其中：对联营企业和合营企业的投资收益		
以摊余成本计量的金融资产终止确认收益（损失以"－"号填列）		
净敞口套期收益（损失以"－"号填列）		
公允价值变动收益（损失以"－"号填列）		
信用减值损失（损失以"－"号填列）		
资产减值损失（损失以"－"号填列）		
资产处置收益（损失以"－"号填列）		
二、营业利润（亏损以"－"号填列）	241 000.00	
加：营业外收入	3 000.00	
减：营业外支出	2 500.00	
三、利润总额（亏损总额以"－"号填列）	241 500.00	
减：所得税费用	60 375.00	
四、净利润（净亏损以"－"号填列）	181 125.00	
（一）持续经营净利润（净亏损以"－"号填列）	181 125.00	
（二）终止经营净利润（净亏损以"－"号填列）		
五、其他综合收益的税后净额		

续表

项 目	本期金额	上期金额
（一）不能重分类进损益的其他综合收益		
1. 重新计量设定受益计划变动额		
2. 权益法下不能转损益的其他综合收益		
3. 其他权益工具投资公允价值变动		
4. 企业自身信用风险公允价值变动		
……		
（二）将重分类进损益的其他综合收益		
1. 权益法下可转损益的其他综合收益		
2. 其他债权投资公允价值变动		
3. 金融资产重分类计入其他综合收益的金额		
4. 其他债权投资信用减值准备		
5. 现金流量套期		
6. 外币财务报表折算差额		
……		
六、综合收益总额	181 125.00	
七、每股收益		
（一）基本每股收益		
（二）稀释每股收益		

答案解析：

(1) 营业收入 = 1 251 000.00+23 000.00 = 1 274 000.00（元）。

(2) 营业成本 = 840 000.00+12 000.00 = 852 000.00（元）。

(3) 营业利润 = 1 274 000.00-852 000.00-25 000.00-125 000.00-23 000.00-8 000.00 = 241 000.00（元）。

(4) 利润总额 = 241 000.00+3 000.00-2 500.00 = 241 500.00（元）。

(5) 净利润 = 241 500.00-60 375.00 = 181 125.00（元）。

四、财务报表的编制练习

（一）单项编制练习

请根据徐州智行有限公司 2020 年 7 月期初余额、本期发生额和期末余额表填制徐州智行有限公司 2020 年 7 月的资产负债表和利润表。

科目代码	总账科目	明细科目	期初借方余额	期初贷方余额	本期借方发生额	本期贷方发生额	期末借方余额	期末贷方余额
1001	库存现金		400.00		2 200.00	1 500.00	1 100.00	
1002	银行存款		150 000.00		149 069.86	35 500.00	263 569.86	
1122	应收账款		50 000.00		120 000.00	90 000.00	80 000.00	
112201	应收账款	盛和股份有限公司	50 000.00		100 000.00	50 000.00	100 000.00	
112202	应收账款	嘉颖股份有限公司			20 000.00	40 000.00		20 000.00
1123	预付账款				20 000.00		20 000.00	
112301	预付账款	凯雷有限公司			20 000.00		20 000.00	
1403	原材料		73 632.36		320 000.00	283 632.36	110 000.00	
1405	库存商品		100 000.00		240 000.00	110 000.00	230 000.00	
1601	固定资产		28 000.00		50 000.00		78 000.00	
1602	累计折旧			1 300.00		400.00		1 700.00
2202	应付账款			15 000.00	15 000.00	35 000.00		35 000.00
220201	应付账款	宏远科技有限公司		15 000.00	15 000.00	35 000.00		35 000.00
2203	预收账款					14 000.00		14 000.00
220301	预收账款	极客有限公司				14 000.00		14 000.00
2211	应付职工薪酬			78 000.00	78 000.00	93 000.00		93 000.00
4001	实收资本			150 000.00		100 000.00		250 000.00
4103	本年利润			100 000.00	290 262.50	471 500.00		281 237.50
4104	利润分配			135 732.36				135 732.36
410401	利润分配	未分配利润		135 732.36				135 732.36
5001	生产成本		78 000.00		150 000.00	200 000.00	28 000.00	

续表

科目代码	总账科目	明细科目	期初借方余额	期初贷方余额	本期借方发生额	本期贷方发生额	期末借方余额	期末贷方余额
6001	主营业务收入				450 000.00	450 000.00		
6051	其他业务收入				20 000.00	20 000.00		
6401	主营业务成本				140 000.00	140 000.00		
6402	其他业务成本				10 000.00	10 000.00		
6403	税金及附加				1 500.00	1 500.00		
6602	管理费用				24 350.00	24 350.00		
6603	销售费用				50 000.00	50 000.00		
6604	财务费用				2 000.00	2 000.00		
6301	营业外收入				1 500.00	1 500.00		
6711	营业外支出				2 000.00	2 000.00		
6605	所得税费用				60 412.50	60 412.50		

项目四 财务报表编制 | 153

1. 编制徐州智行有限公司 2020 年 7 月资产负债表

资产负债表

会企 01 表

编制单位： _____年____月____日 单位：元

资　产	期末余额	上年年末余额	负债和所有者权益（或股东权益）	期末余额	上年年末余额
流动资产：			流动负债：		
货币资金			短期借款		
交易性金融资产			交易性金融负债		
衍生金融资产			衍生金融负债		
应收票据			应付票据		
应收账款			应付账款		
应收款项融资			预收款项		
预付款项			合同负债		
其他应收款			应付职工薪酬		
存货			应交税费		
合同资产			其他应付款		
持有待售资产			持有待售负债		
一年内到期的非流动资产			一年内到期的非流动负债		
其他流动资产			其他流动负债		
流动资产合计			流动负债合计		
非流动资产：			非流动负债：		
债权投资			长期借款		
其他债权投资			应付债券		
长期应收款			其中：优先股		
长期股权投资			永续债		
其他权益工具投资			租赁负债		
其他非流动金融资产			长期应付款		
投资性房地产			预计负债		
固定资产			递延收益		
在建工程			递延所得税负债		
生产性生物资产			其他非流动负债		
油气资产			非流动负债合计		

续表

资　产	期末余额	上年年末余额	负债和所有者权益（或股东权益）	期末余额	上年年末余额
使用权资产			负债合计		
无形资产			所有者权益（或股东权益）：		
开发支出			实收资本（或股本）		
商誉			其他权益工具		
长期待摊费用			其中：优先股		
递延所得税资产			永续债		
其他非流动资产			资本公积		
非流动资产合计			减：库存股		
			其他综合收益		
			专项储备		
			盈余公积		
			未分配利润		
			所有者权益（或股东权益）合计		
资产总计			负债和所有者权益（或股东权益）总计		

2. 编制徐州智行有限公司 2020 年 7 月利润表

利润表

会企 02 表

编制单位：　　　　　　　　　　　____年____月　　　　　　　　　　　单位：元

项　　目	本期金额	上期金额
一、营业收入		
减：营业成本		
税金及附加		
销售费用		
管理费用		
研发费用		
财务费用		
其中：利息费用		
利息收入		
加：其他收益		
投资收益（损失以"－"号填列）		

续表

项　　目	本期金额	上期金额
其中：对联营企业和合营企业的投资收益		
以摊余成本计量的金融资产终止确认收益（损失以"－"号填列）		
净敞口套期收益（损失以"－"号填列）		
公允价值变动收益（损失以"－"号填列）		
信用减值损失（损失以"－"号填列）		
资产减值损失（损失以"－"号填列）		
资产处置收益（损失以"－"号填列）		
二、营业利润（亏损以"－"号填列）		
加：营业外收入		
减：营业外支出		
三、利润总额（亏损总额以"－"号填列）		
减：所得税费用		
四、净利润（净亏损以"－"号填列）		
（一）持续经营净利润（净亏损以"－"号填列）		
（二）终止经营净利润（净亏损以"－"号填列）		
五、其他综合收益的税后净额		
（一）不能重分类进损益的其他综合收益		
1. 重新计量设定受益计划变动额		
2. 权益法下不能转损益的其他综合收益		
3. 其他权益工具投资公允价值变动		
4. 企业自身信用风险公允价值变动		
……		
（二）将重分类进损益的其他综合收益		
1. 权益法下可转损益的其他综合收益		
2. 其他债权投资公允价值变动		
3. 金融资产重分类计入其他综合收益的金额		
4. 其他债权投资信用减值准备		
5. 现金流量套期		
6. 外币财务报表折算差额		
……		
六、综合收益总额		
七、每股收益		
（一）基本每股收益		
（二）稀释每股收益		

（二）综合编制练习

请根据"项目二　记账凭证编制"中徐州信合家具有限责任公司记账凭证、科目汇总表的相关信息，编制徐州信合家具有限责任公司 2020 年 7 月的资产负债表和利润表。

1. 编制徐州信合家具有限责任公司 2020 年 7 月资产负债表

资产负债表

会企 01 表

编制单位：　　　　　　　　　　　　　年　　月　　日　　　　　　　　　　　　单位：元

资　产	期末余额	上年年末余额	负债和所有者权益（或股东权益）	期末余额	上年年末余额
流动资产：			流动负债：		
货币资金			短期借款		
交易性金融资产			交易性金融负债		
衍生金融资产			衍生金融负债		
应收票据			应付票据		
应收账款			应付账款		
应收款项融资			预收款项		
预付款项			合同负债		
其他应收款			应付职工薪酬		
存货			应交税费		
合同资产			其他应付款		
持有待售资产			持有待售负债		
一年内到期的非流动资产			一年内到期的非流动负债		
其他流动资产			其他流动负债		
流动资产合计			流动负债合计		
非流动资产：			非流动负债：		
债权投资			长期借款		
其他债权投资			应付债券		
长期应收款			其中：优先股		
长期股权投资			永续债		
其他权益工具投资			租赁负债		
其他非流动金融资产			长期应付款		
投资性房地产			预计负债		
固定资产			递延收益		

项目四　财务报表编制

续表

资　产	期末余额	上年年末余额	负债和所有者权益（或股东权益）	期末余额	上年年末余额
在建工程			递延所得税负债		
生产性生物资产			其他非流动负债		
油气资产			非流动负债合计		
使用权资产			负债合计		
无形资产			所有者权益（或股东权益）：		
开发支出			实收资本（或股本）		
商誉			其他权益工具		
长期待摊费用			其中：优先股		
递延所得税资产			永续债		
其他非流动资产			资本公积		
非流动资产合计			减：库存股		
			其他综合收益		
			专项储备		
			盈余公积		
			未分配利润		
			所有者权益（或股东权益）合计		
资产总计			负债和所有者权益（或股东权益）总计		

2. 编制徐州信合家具有限责任公司 2020 年 7 月利润表

利润表

会企 02 表

编制单位：　　　　　　　　　　　＿＿＿＿年＿＿＿＿月　　　　　　　　　　　单位：元

项　目	本期金额	上期金额
一、营业收入		
减：营业成本		
税金及附加		
销售费用		
管理费用		
研发费用		
财务费用		
其中：利息费用		

续表

项　　目	本期金额	上期金额
利息收入		
加：其他收益		
投资收益（损失以"-"号填列）		
其中：对联营企业和合营企业的投资收益		
以摊余成本计量的金融资产终止确认收益（损失以"-"号填列）		
净敞口套期收益（损失以"-"号填列）		
公允价值变动收益（损失以"-"号填列）		
信用减值损失（损失以"-"号填列）		
资产减值损失（损失以"-"号填列）		
资产处置收益（损失以"-"号填列）		
二、营业利润（亏损以"-"号填列）		
加：营业外收入		
减：营业外支出		
三、利润总额（亏损总额以"-"号填列）		
减：所得税费用		
四、净利润（净亏损以"-"号填列）		
（一）持续经营净利润（净亏损以"-"号填列）		
（二）终止经营净利润（净亏损以"-"号填列）		
五、其他综合收益的税后净额		
（一）不能重分类进损益的其他综合收益		
1. 重新计量设定受益计划变动额		
2. 权益法下不能转损益的其他综合收益		
3. 其他权益工具投资公允价值变动		
4. 企业自身信用风险公允价值变动		
……		
（二）将重分类进损益的其他综合收益		
1. 权益法下可转损益的其他综合收益		
2. 其他债权投资公允价值变动		
3. 金融资产重分类计入其他综合收益的金额		
4. 其他债权投资信用减值准备		
5. 现金流量套期		
6. 外币财务报表折算差额		
……		
六、综合收益总额		
七、每股收益		
（一）基本每股收益		
（二）稀释每股收益		

附录一 会计账务处理操作教程模拟练习(一)

一、主体企业信息

(1) 企业名称:徐州美利照明有限责任公司。

(2) 社会信用代码:913203028122601405。

(3) 企业地址:江苏省徐州市鼓楼区环城路05号。

(4) 企业电话号码:0516-07556046。

(5) 企业增值税类型:一般纳税人。

(6) 预留银行印鉴:徐州美利照明有限责任公司财务专用章和法定代表人私章。

(7) 基本户银行账号:41754248529630。

(8) 一般存款户账号:62864643398964。

(9) 记账本位币:人民币。

(10) 执行的会计准则:《企业会计准则》。

二、企业会计政策信息与期初余额

(一) 企业会计政策信息

(1) 徐州美利照明有限责任公司是增值税一般纳税人。企业下设管理部、销售部、生产车间、采购部、财务部,执行《企业会计准则》(新的金融工具、收入准则和新租赁准则)。公司对外报送财务报告相关负责人如下:单位负责人为陈义民(法定代表人);主管会计工作的负责人为孟立新(总经理);会计机构负责人为刘京津(财务经理)。

(2) 会计期间:公司的会计期间分为年度和中期,会计年度为自公历1月1日起至12月31日止,中期包括月度、季度和半年度。

(3) 公司以人民币为记账本位币。

(4) 公司采用科目汇总表账务处理程序进行账务处理。公司主要生产吊灯、台灯,生产每件吊灯、台灯需要耗用节能灯泡、铝材两种材料。本月投产产品均按照生产耗用数量领用原材料,未发生损耗。

(5) 存货核算:存货按实际成本法核算,原材料及包装物发出计价采用月末一次加权平均法,材料的共同运费按数量分配,分配率保留2位小数,尾差计入最后一个对象。库存商品发出计价采用月末一次加权平均法,工程物资发出计价采用月末一次加权平均法。委托加工发出材料计价采用先进先出法。发出存货单位成本保留2位小数,如有尾差计入结存存货成本。低值易耗品价值摊销采用一次摊销法。原材料及周转材料发生盘盈时,以最近一次不含税买价作为入账价值;库存商品发生盘盈时,以当月完工入库的该库存商品的单位成本作为入账价值。

（6）产品成本计算采用品种法，设置直接材料、直接人工、制造费用三个成本项目。

① 工资及五险一金分配采用实际生产工时进行分配，分配率保留6位小数，尾差计入最后一个对象。

② 制造费用按生产工时比例法在各种产品之间分配，分配率保留6位小数，尾差计入最后一个对象。

（7）车间生产工人发生的职工薪酬以外的费用计入"制造费用"科目。

（8）公司员工薪酬考核办法规定：员工薪酬每月按岗位工资预发，全年一次性奖金经考核评定后发放。

（9）企业适用的增值税税率为13%，企业取得的增值税专用发票已于当天在增值税发票综合服务平台确认发票用途，取得的海关进口增值税专用缴款书已于当天在增值税发票综合服务平台确认发票用途并取得回执。

（10）城市维护建设税税率为7%；教育费附加征收率为3%；地方教育附加征收率为2%。

（11）企业所得税税率为25%，采用查账征收方式，月度按实际利润额计算预缴企业所得税。截至上年末，以前各年度应纳税所得额均大于零，不存在不征税收入、免税收入等税基类减免应纳税所得额、减免所得税额。且截至本年度上月末各月会计利润总额均大于零，无欠缴及多缴所得税情况。

（二）期初余额

科目代码	总账科目	明细科目	明细科目简称	期初借方余额	期初贷方余额	单位	数量
1001	库存现金			9 450.00			
1002	银行存款			4 060 920.00			
100201	银行存款	中国建设银行徐州市鼓楼区支行—41754248529630	建设银行	3 860 920.00			
100202	银行存款	交通银行徐州市鼓楼区支行—62864643398964	交通银行	200 000.00			
1403	原材料			30 000.00			
140301	原材料	节能灯泡	节能灯泡	0		个	0
140302	原材料	铝材	铝材	30 000.00		千克	1 500
1405	库存商品			121 440.00			
140501	库存商品	吊灯	吊灯	82 800.00		台	400
140502	库存商品	台灯	台灯	38 640.00		台	600
1601	固定资产			1 100 000.00			
160101	固定资产	房屋及建筑物					
16010101	固定资产	房屋及建筑物——办公楼	办公楼	1 000 000.00			

续表

科目代码	总账科目	明细科目	明细科目简称	期初借方余额	期初贷方余额	单位	数量
160102	固定资产	生产设备					
16010201	固定资产	生产设备——设备A	设备A	100 000.00			
1602	累计折旧				650 192.50		
2001	短期借款				200 000.00		
200103	短期借款	交通银行徐州市鼓楼区支行			200 000.00		
2211	应付职工薪酬				49 800.00		
221101	应付职工薪酬	工资			49 800.00		
2221	应交税费				30 136.25		
222101	应交税费	应交增值税——进项税额					
222107	应交税费	应交增值税——销项税额					
222121	应交税费	应交企业所得税			25 761.45		
222124	应交税费	应交城市维护建设税			2 551.97		
222125	应交税费	应交教育费附加			1 093.70		
222126	应交税费	应交地方教育附加			729.13		
4001	实收资本				4 000 000.00		
400101	实收资本	杨建艳			1 000 000.00		
400102	实收资本	江苏省吴梅娟实业有限责任公司			3 000 000.00		
4101	盈余公积				133 900.67		
410101	盈余公积	法定盈余公积			133 900.67		
410102	盈余公积	任意盈余公积					
4103	本年利润				192 855.17		
4104	利润分配				64 925.41		
410410	利润分配	未分配利润			64 925.41		

三、业务训练资料

(一) 填制原始凭证

【业务1】 2020-07-11,提取现金8 000.00元用于备用金,请填制现金支票。(收款人:徐州美利照明有限责任公司;支付密码:1789-1058-5359-3107;付款银行:中国建设银行徐州市鼓楼区支行;付款账号:41754248529630;银行预留印鉴:徐州美利照明有限责任公司财务专用章+法定代表人陈义民私章)

现金支票正面:

现金支票背面:

【业务2】 2020-07-20,徐州美利照明有限责任公司准备将收到的废品款2 100.00元存入银行,请填制现金缴款单。(收款银行:中国建设银行徐州市鼓楼区支行;收款银行账号:41754248529630)

中国建设银行 China Construction Bank

现 金 缴 款 单

币别：　　　　　　　　　　年　　月　　日　　　　　流水号：

单位填写	收款单位		交款人	
	账　号		款项来源	
	（大写）		亿 千 百 十 万 千 百 十 元 角 分	
银行确认栏				

现金回单（无银行打印记录及银行签章此单无效）

复核：　　　　　　录入：　　　　　　出纳：

第一联　银行记账凭证

中国建设银行 China Construction Bank

现 金 缴 款 单

币别：　　　　　　　　　　年　　月　　日　　　　　流水号：

单位填写	收款单位		交款人	
	账　号		款项来源	
	（大写）		亿 千 百 十 万 千 百 十 元 角 分	
银行确认栏				

现金回单（无银行打印记录及银行签章此单无效）

复核：　　　　　　录入：　　　　　　出纳：

第二联　客户回单

【业务3】 2020-07-22，上海欧普照明股份有限公司吴洪江交来材料编号为CL01001的节能灯泡1 300个，仓管员实收节能灯泡1 300个，请填制收料单。

3101184140			上海增值税专用发票		No.82171035		3101184140 82171035
					开票日期：2020 年 07 月 22 日		

购买方	名　　　称：	徐州美利照明有限责任公司			密码区	25＊3187＜4/+4044＜+95-59+7＜7339010＜0- -＞＞-6＞525＜098378-＞7＊787＊3187＜4/+849 0＜+273839537977＋＜712/＜+9016＞4146+ +＞84＞019
	纳税人识别号：	913203028122601405				
	地　址、电　话：	江苏省徐州市鼓楼区环城路 05 号 0516-07556046				
	开户行及账号：	中国建设银行徐州市鼓楼区支行 41754248529630				

货物及应税劳务、服务的名称	规格型号	单位	数量	单价	金额	税率	税额
节能灯泡		个	1 300	25	32 500.00	13%	4 225.00
合　　计					¥32 500.00		¥4 225.00

价税合计（大写）	⊗叁万陆仟柒佰贰拾伍元整	（小写）¥36 725.00

销售方	名　　　称：	上海欧普照明股份有限公司	备注	上海欧普照明股份有限公司 9131011511107770345 发票专用章
	纳税人识别号：	913101151107770345		
	地　址、电　话：	上海市浦东新区剡教街梁树路 96 号 021-72683560		
	开户行及账号：	中国建设银行上海市浦东新区支行 41293415266323		

收款人：　　　复核：　　　开票人：李秀瑜　　　销售方（章）

第二联：抵扣联　购买方扣税凭证

3101184140			上海增值税专用发票		No.82171035		3101184140 82171035
					开票日期：2020 年 07 月 22 日		

购买方	名　　　称：	徐州美利照明有限责任公司			密码区	25＊3187＜4/+4044＜+95-59+7＜7339010＜0- -＞＞-6＞525＜098378-＞7＊787＊3187＜4/+849 0＜+273839537977＋＜712/＜+9016＞4146+ +＞84＞019
	纳税人识别号：	913203028122601405				
	地　址、电　话：	江苏省徐州市鼓楼区环城路 05 号 0516-07556046				
	开户行及账号：	中国建设银行徐州市鼓楼区支行 41754248529630				

货物及应税劳务、服务的名称	规格型号	单位	数量	单价	金额	税率	税额
节能灯泡		个	1 300	25	32 500.00	13%	4 225.00
合　　计					¥32 500.00		¥4 225.00

价税合计（大写）	⊗叁万陆仟柒佰贰拾伍元整	（小写）¥36 725.00

销售方	名　　　称：	上海欧普照明股份有限公司	备注	上海欧普照明股份有限公司 9131011511107770345 发票专用章
	纳税人识别号：	913101151107770345		
	地　址、电　话：	上海市浦东新区剡教街梁树路 96 号 021-72683560		
	开户行及账号：	中国建设银行上海市浦东新区支行 41293415266323		

收款人：　　　复核：　　　开票人：李秀瑜　　　销售方（章）

第三联：发票联　购买方记账凭证

收 料 单

供应单位：　　　　　　　　　　　　年　月　日　　　　　　　　　　　　编号：SL3089

材料编号	名称	单位	规格	数量		实际成本			
				应收	实收	单价	发票价格	运杂费	总价
备注：									

收料人：　　　　　　　　　　　　　　　　　　　　交料人：

第一联　存根联

收 料 单

供应单位：　　　　　　　　　　　　年　月　日　　　　　　　　　　　　编号：SL3089

材料编号	名称	单位	规格	数量		实际成本			
				应收	实收	单价	发票价格	运杂费	总价
备注：									

收料人：　　　　　　　　　　　　　　　　　　　　交料人：

第二联　记账联

收 料 单

供应单位：　　　　　　　　　　　　年　月　日　　　　　　　　　　　　编号：SL3089

材料编号	名称	单位	规格	数量		实际成本			
				应收	实收	单价	发票价格	运杂费	总价
备注：									

收料人：　　　　　　　　　　　　　　　　　　　　交料人：

第三联　交料人留存

(二) 编制记账凭证

【业务1】 2020-07-01,取得原始凭证1张。

```
中国建设银行
现金支票存根
10501813
00004824
附加信息付款行账号:
41754248529630

出票日期 2020 年 07 月 01 日
收款人: 徐州美利照明有限责任公司
金　额: ￥6 000.00
用　途: 备用金
单位主管　　　会计
```
（XXXXXX公司·XXXX年印制）

记 账 凭 证
年　月　日　　　　　　　　记　字号　　分号

摘　要	总账科目	明细科目	借方金额 亿千百十万千百十元角分	贷方金额 亿千百十万千百十元角分	√
					□
					□
					□
					□
					□
					□
	合　　计				□

会计主管：　　　记账：　　　出纳：　　　复核：　　　制单：

附单据　张

【业务2】 2020-07-01,取得原始凭证4张。

收 料 单

供应单位：上海欧普照明股份有限公司　　2020 年 07 月 01 日　　编号：SL3096

材料编号	名称	单位	规格	数量		实际成本			
				应收	实收	单价	发票价格	运杂费	总价
CL01001	节能灯泡	个		300	300				
备注：									

收料人：　　　　　　　　　　　　　　交料人：刘景阳

第二联　记账联

上海增值税专用发票

3101184140　　　　　　　　　　　　　　　　No.06394944　　3101184140
　　　　　　　　　　　　　　　　　　　　　06394944
　　　　　　　　　　　　　　　　　　　　　开票日期：2020 年 07 月 01 日

购买方	名　　称：	徐州美利照明有限责任公司	密码区	36 * 3187<4/+4044<+95-59+7<7339010<0-
	纳税人识别号：	913203028122601405		->>-6>525<098378->7 * 787 * 3187<4/+849
	地址、电话：	江苏省徐州市鼓楼区环城路05号 0516-07556046		0<+273839537977+<712/<+9016>4146+ +>84>522
	开户行及账号：	中国建设银行徐州市鼓楼区支行 41754248529630		

货物及应税劳务、服务的名称	规格型号	单位	数量	单价	金额	税率	税额
节能灯泡		个	300	25	7 500.00	13%	975.00
合　　计					¥7 500.00		¥975.00

价税合计（大写）　⊗捌仟肆佰柒拾伍元整　　　　　（小写）¥ 8 475.00

销售方	名　　称：	上海欧普照明股份有限公司	备注	（发票专用章）
	纳税人识别号：	913101151107770345		
	地址、电话：	上海市浦东新区剑教街梁树路96号 021-72683560		
	开户行及账号：	中国建设银行上海市浦东新区支行 41293415266323		

收款人：　　　复核：　　　开票人：刘中学　　　销售方（章）

中国建设银行客户专用回单

币别：人民币　　　2020 年 07 月 01 日　　　流水号：320320027J0500810021

付款人	全称	徐州美利照明有限责任公司	收款人	全称	上海欧普照明股份有限公司
	账号	41754248529630		账号	41293415266323
	开户行	中国建设银行徐州市鼓楼区支行		开户行	中国建设银行上海市浦东新区支行

金　额	（大写）人民币捌仟肆佰柒拾伍元整　　　　（小写）¥ 8 475.00
凭证种类	网银　　　凭证号码：
结算方式	转账　　　用途：货款

打印柜员：320325584257
打印机构：中国建设银行徐州市鼓楼区支行
打印卡号：41754248529630

（中国建设银行徐州市鼓楼区支行 电子回单 专用章）

打印时间：2020-07-01　　交易柜员：320325584257　　交易机构：320310575

记 账 凭 证

年　月　日　　　　　记　字号　　分号

摘要	总账科目	明细科目	借方金额 亿千百十万千百十元角分	贷方金额 亿千百十万千百十元角分	✓
合　计					

会计主管：　　　记账：　　　出纳：　　　复核：　　　制单：

附单据　　张

【业务3】 2020-07-11，取得原始凭证2张。

中国建设银行
转账支票存根
10501823
00006714
附加信息付款行账号：
41754248529630

出票日期 2020 年 07 月 11 日

收款人：徐州美利照明有限责任公司
金　额：￥49 800.00
用　途：支付工资

单位主管　　　会计

工资发放明细表

2020-07-11 单位：元

姓名	部门	岗位	应付工资	专项扣除					代扣三险一金				计税基础	代扣个人所得税	代扣款合计	实发工资
				子女教育	继续教育	大病医疗	住房贷款利息	住房租金	赡养老人	专项扣除小计	代扣医疗保险	代扣养老保险	代扣失业保险	代扣住房公积金				
孟立新	管理部	总经理	5 000							0	0	0	0	0	5 000	0	0	5 000
何月楼	销售部	销售经理	4 500							0	0	0	0	0	4 500	0	0	4 500
李彦立	生产车间	生产车间主任	4 500							0	0	0	0	0	4 500	0	0	4 500
杨战国	生产车间	车间工人	3 500							0	0	0	0	0	3 500	0	0	3 500
王淑梅	生产车间	车间工人	3 500							0	0	0	0	0	4 500	0	0	3 500
宋卫东	生产车间	车间工人	3 500							0	0	0	0	0	4 500	0	0	3 500
肖昆	采购部	采购经理	4 500							0	0	0	0	0	4 500	0	0	4 500
刘京津	财务部	财务经理	4 500							0	0	0	0	0	4 500	0	0	4 500
王宁	财务部	出纳	3 500							0	0	0	0	0	3 500	0	0	3 500
周洪松	财务部	会计	3 800							0	0	0	0	0	3 800	0	0	3 800
白占立	财务部	会计主管	4 000							0	0	0	0	0	4 000	0	0	4 000
陈义民	管理部	法定代表人	5 000							0	0	0	0	0	5 000	0	0	5 000
合计			49 800	0	0	0	0	0	0	0	0	0	0	0	49 800	0	0	49 800

制表：周荣松 审核：刘冬泽

记 账 凭 证

年　月　日　　　　　　　记　字号　　分号

摘要	总账科目	明细科目	借方金额 亿千百十万千百十元角分	贷方金额 亿千百十万千百十元角分	√
					□
					□
					□
					□
					□
					□
	合　　计				□

附单据　　张

会计主管：　　记账：　　出纳：　　复核：　　制单：

【业务4】 2020-07-15，取得原始凭证2张。

　032031840704　　　No.31752158　032031840704
31752158

校验码 41437728117006100341　　开票日期：2020 年 07 月 15 日

	名　称：	徐州美利照明有限责任公司				密码区	82＊3187<4/＋0261<＋95-59＋7<4735463<0-
购买方	纳税人识别号：	913203028122601405					->>-6>525<104238->7＊787＊3187<4/＋849
	地　址、电话	江苏省徐州市鼓楼区环城路05号 0516-07556046					0<＋334100641891＋<712/<1＋9016>6751＋
	开户行及账号	中国建设银行徐州市鼓楼区支行 41754248529630					＋>84>672<＋95-59＋7<3905497<0->>-6>

货物及应税劳务、服务的名称	规格型号	单位	数量	单价	金额	税率	税额
"住宿餐饮"餐费		次	1	1 941.75	1 941.75	3%	58.25
合　　计					￥1 941.75		￥58.25

价税合计（大写）　⊗ 贰仟元整　　　　　　（小写）￥2 000.00

	名　称：	徐州富临酒店		
销售方	纳税人识别号：	913203117390117836	备注	
	地　址、电话	江苏省徐州市泉山区王亚街刘建路37号 0516-27833723		
	开户行及账号	中国建设银行徐州市泉山区支行 41665891063081		

收款人：　　复核：　　开票人：陈静　　销售方（章）

中国建设银行客户专用回单

币别：人民币　　2020 年 07 月 15 日　　流水号：320320027J0500810077

付款人	全称	徐州美利照明有限责任公司	收款人	全称	徐州富临酒店
	账号	41754248529630		账号	41665891063081
	开户行	中国建设银行徐州市鼓楼区支行		开户行	中国建设银行徐州市泉山区支行

金额	（大写）人民币贰仟元整	（小写）¥2 000.00
凭证种类	网银	凭证号码
结算方式	转账	用途　支付餐费

打印柜员：320325584257
打印机构：中国建设银行徐州市鼓楼区支行
打印卡号：41754248529630

（电子回单专用章）

打印时间：2020-07-15　　交易柜员：320325584268　　交易机构：320310566

第一联　借方（回单）

记 账 凭 证

　　　　年　　月　　日　　　　　　　　　　　记　字号　　分号

摘要	总账科目	明细科目	借方金额 亿千百十万千百十元角分	贷方金额 亿千百十万千百十元角分	✓
					□
					□
					□
					□
					□
	合　　计				□

会计主管：　　记账：　　出纳：　　复核：　　制单：

【业务 5】 2020-07-18，取得原始凭证 3 张。

江苏省增值税专用发票

No.00002526

3203181140
00002526

此联不作报销、扣税凭证使用

开票日期：2020 年 07 月 18 日

购买方	名称：上海欧普照明股份有限公司 纳税人识别号：913101151107770345 地址、电话：上海市浦东新区刻敷街梁树路 96 号 021-72683560 开户行及账号：中国建设银行上海市浦东新区支行 41293415266323	密码区	02＊3187<4/+0021<+95-59+7<1424061<0- -->>-6>525<252664->7＊787＊3187<4/+849 0<+662715803127+<712/<1+9016>5307+ +>84>097<+95-59+7<0690945<0-->>-6>

货物及应税劳务、服务的名称	规格型号	单位	数量	单价	金额	税率	税额
＊照明装置＊吊灯		台	200	600	120 000.00	13%	15 600.00
＊照明装置＊台灯		台	500	280	140 000.00	13%	18 200.00
合 计					¥260 000.00		¥33 800.00

价税合计（大写）	⊗ 贰拾玖万叁仟捌佰元整	（小写）¥293 800.00

销售方	名称：徐州美利照明有限责任公司 纳税人识别号：913203028122601405 地址、电话：江苏省徐州市鼓楼区环城路 05 号 0516-07556046 开户行及账号：中国建设银行徐州市鼓楼区支行 41754248529630	备注

收款人：　　　　复核：　　　　开票人：王宁　　　　销售方（章）

销 售 单

购货单位：上海欧普照明股份有限公司　　地址和电话：上海市浦东新区刻敷街梁树路 96 号 021-72683560　　单据编号：XS5961

纳税识别号：913101151107770345　　开户行及账号：中国建设银行上海市浦东新区支行 41293415266323　　制单日期：2020-07-18

编码	产品名称	规格	单位	单价	数量	金额	备 注
SP0001	吊灯		台	678.00	200	135 600.00	
SP0002	台灯		台	316.40	500	158 200.00	
合计	人民币（大写）：贰拾玖万叁仟捌佰元整				—	¥293 800.00	

销售经理：何月楼　　经手人：　　会计：周洪松　　签收人：杨静

中国建设银行客户专用回单

币别：人民币　　　　　2020年07月18日　　　　流水号：320320027J0500810004

付款人	全 称	上海欧普照明股份有限公司	收款人	全 称	徐州美利照明有限责任公司
	账 号	41293415266323		账 号	41754248529630
	开户行	中国建设银行上海市浦东新区支行		开户行	中国建设银行徐州市鼓楼区支行

金　额	（大写）人民币贰拾玖万叁仟捌佰元整	（小写）¥293 800.00
凭证种类	电汇	凭证号码
结算方式	转账	用途　货款

打印柜员：320325584257
打印机构：中国建设银行徐州市鼓楼区支行
打印卡号：41754248529630

（盖章：中国建设银行徐州市鼓楼区支行 电子回单 专用章）

第二联　贷方（回单）

打印时间：2020-07-18　　交易柜员：320325584268　　交易机构：320310581

记账凭证

　　年　月　日　　　　　　　　　　　　　　　　　　记字号　　分号

摘 要	总账科目	明细科目	借方金额 亿千百十万千百十元角分	贷方金额 亿千百十万千百十元角分	√
合　计					

会计主管：　　记账：　　出纳：　　复核：　　制单：

【业务6】2020-07-31，取得原始凭证1张。

固定资产累计折旧计算表

2020-07-31　　　　　　　　　　　　　　　　　　　　　　　　　单位：元

固定资产类别	使用部门	名称	单位	数量	单位成本	原值	投入使用日期	预计使用年限	月折旧率	本月折旧额
生产设备	生产车间	设备A	台	2	50 000	100 000.00	2019-04-09	10		
房屋及建筑物	管理部	办公楼	幢	1	1 000 000	1 000 000.00	2019-06-14	20		
合计						1 100 000.00				

制表：　　　　　　　　　　　　　　　　　　　　　　　　　　审核：

记 账 凭 证

年　月　日　　　　　　　记　字号　　分号

摘要	总账科目	明细科目	借方金额 亿千百十万千百十元角分	贷方金额 亿千百十万千百十元角分	✓
					□
					□
					□
					□
					□
					□
合　　计					□

附单据　　张

会计主管：　　记账：　　出纳：　　复核：　　制单：

【业务7】2020-07-31，取得原始凭证1张。

银行借款利息计算单

2020-07-31　　　　　　　　　　　　　　　　　　　　　　单位：元

借款种类	借款金额	贷款年利率	月利息额	备注
3个月周转借款	200 000.00	6%		2020-05-01借入（合同号：49571）
合计				

制表：　　　　　　　　　　　　　　　　　　　　　　　　　审核：

记 账 凭 证

年　月　日　　　　　　　记　字号　　分号

摘要	总账科目	明细科目	借方金额 亿千百十万千百十元角分	贷方金额 亿千百十万千百十元角分	✓
					□
					□
					□
					□
					□
					□
合　　计					□

附单据　　张

会计主管：　　记账：　　出纳：　　复核：　　制单：

【业务8】2020-07-31，取得原始凭证2张。

发出材料单位成本计算表

2020-07-31　　　　　　　　　　　　　　　　　　　　　　　　　　　　　单位：元

材料名称	单位	期初数量	期初金额	本期入库数量	本期入库金额	单位成本
节能灯泡	个					
合计						

材料发出汇总表

2020-07-31　　　　　　　　　　　　　　　　　　　　　　　　　　　　　单位：元

领用部门	领料用途	产品	节能灯泡 数量/个	节能灯泡 金额	合计
管理部	管理部门领用		10		
生产车间	生产产品直接领用	吊灯	100		
生产车间	生产产品直接领用	台灯	180		
合计					

制表：　　　　　　　　　　　　　　　　　　　　　　　　审核：

记　账　凭　证

年　月　日　　　　　　　　　　　记　字号　　分号

摘要	总账科目	明细科目	借方金额 亿千百十万千百十元角分	贷方金额 亿千百十万千百十元角分	√
					□
					□
					□
					□
					□
					□
	合　计				□

附单据　张

会计主管：　　　　记账：　　　　出纳：　　　　复核：　　　　制单：

【业务9】2020-07-31，取得原始凭证3张。

产品生产工时明细表

2020-07-31　　　　　　　　　　　　　　　　　　　单位：小时

车 间	产 品	生产工时
生产车间	吊灯	2 500
生产车间	台灯	1 500
合 计		4 000

制表：周洪松　　　　　　　　　　　　　　　　审核：刘京津

工资明细表

2020-07-31　　　　　　　　　　　　　　　　　　　　单位：元

姓 名	部 门	岗 位	应付工资
孟立新	管理部	总经理	5 000.00
何月楼	销售部	销售经理	4 500.00
李彦立	生产车间	生产车间主任	4 500.00
杨战国	生产车间	车间工人	3 500.00
王淑梅	生产车间	车间工人	3 500.00
宋卫东	生产车间	车间工人	3 500.00
肖昆	采购部	采购经理	4 500.00
刘京津	财务部	财务经理	4 500.00
王宁	财务部	出纳	3 500.00
周洪松	财务部	会计	3 800.00
白占立	财务部	会计主管	4 500.00
陈义民	管理部	法定代表人	5 000.00
合 计			50 300.00

制表：周洪松　　　　　　　　　　　　　　　　审核：刘京津

工资分配表

2020-07-31　　　　　　　　　　　　　　　　　　　　单位：元

项 目	项目明细	直接计入	分配计入			合 计
			生产工时（小时）	分配率	分配金额	
管理费用						
销售费用						
制造费用						
生产成本	吊灯					
生产成本	台灯					
合 计						

制表：　　　　　　　　　　　　　　　　　　　　　审核：

记 账 凭 证

年　月　日

记　字号　　分号

摘　要	总账科目	明细科目	借方金额 亿千百十万千百十元角分	贷方金额 亿千百十万千百十元角分	✓
					□
					□
					□
					□
					□
					□
	合　　计				□

附单据　　张

会计主管：　　记账：　　出纳：　　复核：　　制单：

【业务10】2020-07-31，取得原始凭证2张。

产品生产工时明细表

2020-07-31　　　　　　　　　　　　　　　　单位：小时

生产车间	产品	生产工时
生产车间	吊灯	2 500
生产车间	台灯	1 500
合　计		4 000

制表：周洪松　　　　　　　　　　　　　审核：刘京津

制造费用分配表

2020-07-31　　　　　　　　　　　　　　　　单位：元

生产车间	产品	分配标准（工时）	分配率	分配金额
生产车间	吊灯			
生产车间	台灯			
合　计				

制表：　　　　　　　　　　　　　　　　　　审核：

记 账 凭 证

年　月　日　　　　　　记　字号　　分号

摘要	总账科目	明细科目	借方金额 亿千百十万千百十元角分	贷方金额 亿千百十万千百十元角分	√
	合　　　　计				

会计主管：　　　记账：　　　出纳：　　　复核：　　　制单：

【业务11】2020-07-31，取得原始凭证2张。

产品产量明细表

2020-07-31　　　　　　　　　　　　　　　　　　　　　　　　　　单位：台

生产部门	产品	月初在产品数量	本月投产产品数量	本月完工产品数量	本月产品入库数量	月末在产品数量	投料率	期末在产品完工率
生产车间	吊灯	0	100	100	100	0	0	0
生产车间	台灯	0	180	180	180	0	0	0

制表：周洪松　　　　　　　　　　　　　　　　　　　　　　　　审核：刘京津

产品成本计算表

2020-07-31　　　　　　　　　　　　　　　　　　　　　　　　　　单位：元

生产部门	产品名称	成本项目	月初在产品成本	本月生产费用	生产成本会计	完工产品产量/台	在产品产量/台	在产品约当产量/台	产量合计/台	单位成本	完工产品成本	在产品成本
生产车间	吊灯	直接材料										
生产车间	吊灯	直接人工										
生产车间	吊灯	制造费用										
小计												
生产车间	台灯	直接材料										
生产车间	台灯	直接人工										
生产车间	台灯	制造费用										
小计												
合计												

制表：　　　　　　　　　　　　　　　　　　　　　　　　　　　审核：

记 账 凭 证

　　　　　　年　　月　　日　　　　　　　　记　字号　　分号

摘　要	总账科目	明细科目	借方金额 亿千百十万千百十元角分	贷方金额 亿千百十万千百十元角分	✓
					□
					□
					□
					□
					□
					□
	合　　　计				□

会计主管：　　记账：　　出纳：　　复核：　　制单：

记 账 凭 证

　　　　　　年　　月　　日　　　　　　　　记　字号　　分号

摘　要	总账科目	明细科目	借方金额 亿千百十万千百十元角分	贷方金额 亿千百十万千百十元角分	✓
					□
					□
					□
					□
					□
					□
	合　　　计				□

会计主管：　　记账：　　出纳：　　复核：　　制单：

【业务12】2020-07-31,取得原始凭证2张。

库存商品单位成本计算表

2020-07-31　　　　　　　　　　　　　　　　　　　　单位：元

产品名称	期初结存		本期入库		本期发出库存商品单位成本
	数量/台	金额	数量/台	金额	
吊灯					
台灯					
合计					

制表：　　　　　　　　　　　　　　　　　　　　审核：

销售产品成本结转表

2020-07-31　　　　　　　　　　　　　　　　　　　　　　　　　　　　单位：元

领用部门	用途	吊灯		台灯		合计
		数量/台	金额	数量/台	金额	
销售部	销售领用					
合　计						

制表：　　　　　　　　　　　　　　　　　　　　　　　　　　审核：

记 账 凭 证

年　月　日　　　　　　　　　　　　记　字号　　分号

摘　要	总账科目	明细科目	借方金额 亿千百十万千百十元角分	贷方金额 亿千百十万千百十元角分	✓
合　　　计					

附单据　　张

会计主管：　　　　记账：　　　　出纳：　　　　复核：　　　　制单：

【业务13】2020-07-31，取得原始凭证1张。

税金及附加计算表

2020-07-31　　　　　　　　　　　　　　　　　　　　　　　　　　　　单位：元

税(费)种	计税依据(增值税)	税率(征收率)	本期应交税费
应交城市维护建设税		7%	
应交教育费附加		3%	
应交地方教育附加		2%	
合　计			

制表：　　　　　　　　　　　　　　　　　　　　　　　　　　审核：

记 账 凭 证

年　月　日　　　　　　记　字号　　分号

摘 要	总账科目	明细科目	借方金额 亿千百十万千百十元角分	贷方金额 亿千百十万千百十元角分	√
					□
					□
					□
					□
					□
					□
	合　　计				□

会计主管：　　　记账：　　　出纳：　　　复核：　　　制单：

附单据　　张

【业务 14】2020-07-31，取得原始凭证 1 张。

应交所得税计算表

2020-07-31　　　　　　　　　　　　　　　　　　　　　　　单位：元

项　　目	上期已申报金额	本期金额	本年累计金额
营业收入	1 716 000.00		
营业成本	458 832.00		
利润总额	257 140.23		
加：特定业务计算的应纳税所得额			
减：不征税收入			
减：免税收入、减计收入、所得减免等优惠			
减：固定资产加速折旧（扣除）调减额			
减：弥补以前年度亏损			
实际利润额	257 140.23		
税率	25%		
应纳所得税额	64 285.06		
减：减免所得税额			
减：实际已缴纳所得税额	38 523.61		
减：特定业务预缴（征）所得税额			
本期应补（退）所得税额	25 761.45		

制表：　　　　　　　　　　　　　　　　　　　　　　　　审核：

记 账 凭 证

年　月　日

记　字号　　分号

摘要	总账科目	明细科目	借方金额 亿千百十万千百十元角分	贷方金额 亿千百十万千百十元角分	✓
					☐
					☐
					☐
					☐
					☐
					☐
合　　计					☐

会计主管：　　　记账：　　　出纳：　　　复核：　　　制单：

【业务15】2020-07-31，取得原始凭证1张。

损益类账户发生额结转表

2020-07-31　　　　　　　　　　　　　　　　　　　　　　　　　　单位：元

科目名称	本期借方发生额	本期贷方发生额
主营业务收入——商品销售收入——吊灯		
主营业务收入——商品销售收入——台灯		
主营业务成本——商品销售成本——吊灯		
主营业务成本——商品销售成本——台灯		
税金及附加——城市维护建设税		
税金及附加——教育费附加		
税金及附加——地方教育附加		
销售费用——工资		
管理费用——折旧费		
管理费用——业务招待费		
管理费用——材料费		
管理费用——工资		
财务费用——利息支出		
所得税费用——当期所得税费用		
合　　计		

制表：　　　　　　　　　　　　　　　　　　　　　　　　　　审核：

记 账 凭 证

年　月　日　　　　　　记　字号　　分号

摘　要	总账科目	明细科目	借方金额 亿千百十万千百十元角分	贷方金额 亿千百十万千百十元角分	✓
					□
					□
					□
					□
					□
					□
					□
合　　计					□

会计主管：　　　记账：　　　出纳：　　　复核：　　　制单：

附单据　　张

记 账 凭 证

年　月　日　　　　　　记　字号　　分号

摘　要	总账科目	明细科目	借方金额 亿千百十万千百十元角分	贷方金额 亿千百十万千百十元角分	✓
					□
					□
					□
					□
					□
					□
					□
合　　计					□

会计主管：　　　记账：　　　出纳：　　　复核：　　　制单：

附单据　　张

记 账 凭 证

年　月　日　　　　　　记　字号　　分号

摘　要	总账科目	明细科目	借方金额 亿千百十万千百十元角分	贷方金额 亿千百十万千百十元角分	✓
					□
					□
					□
					□
					□
					□
					□
合　　计					□

会计主管：　　　记账：　　　出纳：　　　复核：　　　制单：

附单据　　张

(三) 登记账簿

请根据本套训练资料"编制记账凭证"部分,登记徐州美利照明有限责任公司银行存款——中国建设银行徐州市鼓楼区支行,账号 41754248529630 的人民币户日记账,并进行月度结账。(登记日记账,不做每日合计)

银行存款日记账

开户行：中国建设银行徐州市鼓楼区支行
账　　号：41754248529630

2020年		凭证		支票号码	摘要	对方科目	收入(借方余额)										支出(贷方金额)										余额(结存余额)										核对
月	日	种类	号数				亿	千	百	十	万	千	百	十	元	角	分	亿	千	百	十	万	千	百	十	元	角	分	亿	千	百	十	万	千	百	十	元	角	分	
05	31				承前页					1	5	0	0	0	0	0	0						2	0	0	0	0	0				2	3	0	0	0	0	0	0	□
					略																																			
					略																																			
					略																																			
06	30				本月合计					1	5	8	3	2	1	0	0	0				1	2	3	1	2	5	0	0	0			3	8	6	0	9	2	0	0	0	□

(四) 编制科目汇总表

请根据本套训练资料"编制记账凭证"部分,按月编制科目汇总表。

科目汇总表

年　月　日至　月　日

编号：1		附件共　张
凭证号数	第　号至　号共　张	
	第　号至　号共　张	
	第　号至　号共　张	

会计科目	记账✓	借方金额 十亿千百十万千百十元角分	贷方金额 十亿千百十万千百十元角分	会计科目	记账✓	借方金额 十亿千百十万千百十元角分	贷方金额 十亿千百十万千百十元角分

合　计

财会主管：　　　　记账：　　　　复核：　　　　制表：

附录一　会计账务处理操作教程模拟练习（一）

（五）编制财务报表

【业务1】请根据本套训练资料"编制记账凭证"和"科目汇总表"等部分的资料，编制2020年7月31日的资产负债表。

资产负债表

会企01表

编制单位：　　　　　　　　　　　　　　年　　月　　日　　　　　　　　　　　　　　单位：元

资　产	期末余额	上年年末余额	负债和所有者权益（或股东权益）	期末余额	上年年末余额
流动资产：			流动负债：		
货币资金		略	短期借款		略
交易性金融资产			交易性金融负债		
衍生金融资产			衍生金融负债		
应收票据			应付票据		
应收账款			应付账款		
应收款项融资			预收款项		
预付款项			合同负债		
其他应收款			应付职工薪酬		
存货			应交税费		
合同资产			其他应付款		
持有待售资产			持有待售负债		
一年内到期的非流动资产			一年内到期的非流动负债		
其他流动资产			其他流动负债		
流动资产合计			流动负债合计		
非流动资产：			非流动负债：		
债权投资			长期借款		
其他债权投资			应付债券		
长期应收款			其中：优先股		
长期股权投资			永续债		
其他权益工具投资			租赁负债		
其他非流动金融资产			长期应付款		
投资性房地产			预计负债		
固定资产			递延收益		

续表

资　产	期末余额	上年年末余额	负债和所有者权益（或股东权益）	期末余额	上年年末余额
在建工程			递延所得税负债		
生产性生物资产			其他非流动负债		
油气资产			非流动负债合计		
使用权资产			负债合计		
无形资产			所有者权益（或股东权益）：		
开发支出			实收资本（或股本）		
商誉			其他权益工具		
长期待摊费用			其中：优先股		
递延所得税资产			永续债		
其他非流动资产			资本公积		
非流动资产合计			减：库存股		
			其他综合收益		
			专项储备		
			盈余公积		
			未分配利润		
			所有者权益（或股东权益）合计		
资产总计			负债和所有者权益（或股东权益）总计		

单位负责人：　　　　　主管会计工作的负责人：　　　　　会计机构负责人：

【业务2】请根据本套训练资料'编制记账凭证'和"科目汇总表"等部分的资料，编制2020年7月的利润表。

利润表

会企02表

编制单位：　　　　　　　　　　　　年　月　　　　　　　　　　　　单位：元

项　目	本期金额	上期金额
一、营业收入		略
减：营业成本		
税金及附加		
销售费用		
管理费用		

续表

项　　目	本期金额	上期金额
研发费用		
财务费用		
其中：利息费用		
利息收入		
加：其他收益		
投资收益（损失以"-"号填列）		
其中：对联营企业和合营企业的投资收益		
以摊余成本计量的金融资产终止确认收益（损失以"-"号填列）		
净敞口套期收益（损失以"-"号填列）		
公允价值变动收益（损失以"-"号填列）		
信用减值损失（损失以"-"号填列）		
资产减值损失（损失以"-"号填列）		
资产处置收益（损失以"-"号填列）		
二、营业利润（亏损以"-"号填列）		
加：营业外收入		
减：营业外支出		
三、利润总额（亏损总额以"-"号填列）		
减：所得税费用		
四、净利润（净亏损以"-"号填列）		
（一）持续经营净利润（净亏损以"-"号填列）		
（二）终止经营净利润（净亏损以"-"号填列）		
五、其他综合收益的税后净额		
（一）不能重分类进损益的其他综合收益		
1.重新计量设定受益计划变动额		
2.权益法下不能转损益的其他综合收益		
3.其他权益工具投资公允价值变动		
4.企业自身信用风险公允价值变动		
……		
（二）将重分类进损益的其他综合收益		
1.权益法下可转损益的其他综合收益		
2.其他债权投资公允价值变动		

续表

项 目	本期金额	上期金额
3. 金融资产重分类计入其他综合收益的金额		
4. 其他债权投资信用减值准备		
5. 现金流量套期		
6. 外币财务报表折算差额		
……		
六、综合收益总额		
七、每股收益		
（一）基本每股收益		
（二）稀释每股收益		

单位负责人： 主管会计工作的负责人： 会计机构负责人：

附录二 会计账务处理操作教程模拟练习(二)

一、主体企业信息与企业会计政策信息

同"项目二 记账凭证编制"中徐州味丰食品有限公司的主体企业信息与企业会计政策信息。

二、期初余额

单位:元

科目代码	总账科目	明细科目	期初借方余额	期初贷方余额	单位	数量
1001	库存现金		8751.00			
1002	银行存款		1 609 949.23			
100201	银行存款	中国建设银行徐州市泉山区支行—41290317115267	1 499 588.63			
100202	银行存款	交通银行徐州市泉山区支行—62915176712200	110 360.60			
1122	应收账款					
1123	预付账款					
1221	其他应收款	柳德堂				
1402	在途物资					
140201	在途物资	黄桃				
140202	在途物资	草莓				
1403	原材料		21 000.00			
140301	原材料	黄桃	3 000.00		kg	300
140302	原材料	草莓	18 000.00		kg	1 200
1405	库存商品		11 790.00			
140501	库存商品	黄桃罐头	8 420.00		瓶	300
140502	库存商品	草莓罐头	3370.00		瓶	94

续表

科目代码	总账科目	明细科目	期初借方余额	期初贷方余额	单位	数量
1601	固定资产		256 000.00			
16010201	固定资产	生产设备——生产线	150 000.00			
16010401	固定资产	电子设备——格力空调	6 000.00			
14010501	固定资产	房屋及建筑物——厂房	100 000.00			
1602	累计折旧			3 520.40		
2001	短期借款	交通银行徐州市泉山区支行—合同号:52480		100 000.00		
2202	应付账款	无锡明辉机械制造有限责任公司		11 865.00		
2211	应付职工薪酬	工资		6 745.32		
2221	应交税费			83 815.95		
222101	应交税费	应交增值税——进项税额	1 389.68			
222107	应交税费	应交增值税——销项税额		49 400.00		
222121	应交税费	应交企业所得税		30 044.39		
222124	应交税费	应交城市维护建设税		3 360.72		
222125	应交税费	应交教育费附加		1 440.31		
222126	应交税费	应交地方教育附加		960.21		
2231	应付利息	短期借款——交通银行徐州市泉山区支行—合同号:52480		516.67		
4001	实收资本	无锡华香酒店有限责任公司		1 000 000.00		
4002	资本公积					
4103	本年利润			701 026.89		
5001	生产成本					
50010101	生产成本	基本生产成本——黄桃——直接材料				

续表

科目代码	总账科目	明细科目	期初借方余额	期初贷方余额	单位	数量
50010102	生产成本	基本生产成本——黄桃——直接人工				
50010103	生产成本	基本生产成本——黄桃——制造费用				
50010201	生产成本	基本生产成本——草莓——直接材料				
50010202	生产成本	基本生产成本——草莓——直接人工				
50010203	生产成本	基本生产成本——草莓——制造费用				
5101	制造费用					
510101	制造费用	折旧费				
510102	制造费用	工资				
6001	主营业务收入					
600101	主营业务收入	商品销售收入——黄桃罐头				
600102	主营业务收入	商品销售收入——草莓罐头				
6051	其他业务收入	出租无形资产收入				
6401	主营业务成本					
640101	主营业务成本	商品销售成本——黄桃罐头				
640102	主营业务成本	商品销售成本——草莓罐头				
6601	销售费用					
6602	管理费用					
660201	管理费用	工资				
660202	管理费用	折旧费				
660203	管理费用	差旅费				
660204	管理费用	业务招待费				
6603	财务费用	利息支出				
6403	税金及附加					
640301	税金及附加	城市维护建设税				

续表

科目代码	总账科目	明细科目	期初借方余额	期初贷方余额	单位	数量
640302	税金及附加	教育费附加				
640303	税金及附加	地方教育附加				
6801	所得税费用	当期所得税费用				

三、业务训练资料

（一）填制原始凭证

【业务1】2020-08-10，财务部李莉预借差旅费500.00元，已经部门负责人苏卫红及财务部经理蔡风泉审核，总经理已批示同意。请填制借款单。

借款单

年　月　日　　　　　　　　　NO.70753

借款人：	所属部门：
借款用途：	
借款金额：人民币（大写）	
部门负责人审批：	借款人（签章）：
财务部门审核：	
单位负责人批示：	签字：
核销记录：	

第一联　付款联（付款人记账）

借款单

年　月　日　　　　　　　　　NO.70753

借款人：	所属部门：
借款用途：	
借款金额：人民币（大写）	
部门负责人审批：	借款人（签章）：
财务部门审核：	
单位负责人批示：	签字：
核销记录：	

第二联　结算联（结算后记账）

借款单

年　月　日　　　　　　　　　NO.70753

借款人：	所属部门：
借款用途：	
借款金额：人民币（大写）	
部门负责人审批：	借款人（签章）：
财务部门审核：	
单位负责人批示：	签字：
核销记录：	

第三联　回执联（结算后交借款人留存）

【业务2】 2020-08-15，公司拟以银行汇票支付货款 20 000.00 元，请填制人民币银行汇票申请书。（申请人：徐州味丰食品有限公司；申请人账号：41290317115267；收款人：无锡华香酒店有限责任公司；收款账号：41655154571543；支付密码：4149-2150-9946-6331；银行预留印鉴：徐州味丰食品有限公司财务专用章+法定代表人刘毅玮私章）

中国建设银行汇（本）票申请书

币别：人民币　　　　　年　月　日　　　　流水号：52661016

业务类型	□银行汇票　□银行本票	付款方式	□转账　□现金									
申请人		收款人										
账　号		账　号										
用　途		代理付款行										
金额	人民币（大写）			亿	千	百	十	万	千	百	十	元	角	分
客户签章												

会计主管：　　　授权：　　　复核：　　　录入：

第一联　银行记账凭证

中国建设银行汇(本)票申请书

币别：人民币　　　　　　　　　年　月　日　　　　　流水号：52661016

业务类型	□银行汇票　□银行本票	付款方式	□转账　□现金
申请人		收款人	
账　号		账　号	
用　途		代理付款行	
金额	人民币（大写）		亿千百十万千百十元角分
客户签章			
会计主管：	授权：	复核：	录入：

第二联　代理签发行记账凭证

中国建设银行汇(本)票申请书

币别：人民币　　　　　　　　　年　月　日　　　　　流水号：52661016

业务类型	□银行汇票　□银行本票	付款方式	□转账　□现金
申请人		收款人	
账　号		账　号	
用　途		代理付款行	
金额	人民币（大写）		亿千百十万千百十元角分
客户签章			
会计主管：	授权：	复核：	录入：

第三联　客户回单

【业务3】2020-08-20，收到转账支票后采用倒解方式办理进账手续，请办理进账手续。（收款人：徐州味丰食品有限公司；收款银行：中国建设银行徐州市泉山区支行；收款账号：41290317115267）

转账支票正面：

中国工商银行 转账支票　　10501821
　　　　　　　　　　　　　　　　　　80640455

出票日期(大写)：贰零贰零年捌月零贰拾日
付款行名称：中国工商银行北京市通州区支行
收款人：徐州味丰食品有限公司
出票人账号：41912507636776

人民币(大写)：叁万伍仟元整　　¥35000.00

用途：支付货款
密码：5122-3381-9364-9168
行号：
上列款项请从我账户内支付
出票签章：（北京春舍酒店有限责任公司 财务专用章）（高小）

付款期限自出票之日起十天

转账支票背面：

附加信息	被背书人	被背书人
××××××公司·××××年印制	背书人签章 年 月 日	背书人签章 年 月 日

ICBC 中国工商银行　　**进账单**（贷方凭证）
　　　　年　月　日　　　　No

出票人	全称		收款人	全称	
	账号			账号	
	开户银行			开户银行	

金额	人民币(大写)		亿 千 百 十 万 千 百 十 元 角 分

票据种类		票据张数	
票据号码			
备注			

复核：　　记账：

此联由收款人开户银行作贷方凭证

198　会计账务处理操作教程

ICBC 中国工商银行　　　进账单(回单)

年　月　日　　　　　　　No

出票人	全　称		收款人	全　称											此联是开户银行交给持(出)票人的回单
	账　号			账　号											
	开户银行			开户银行											
金额	人民币（大写）				亿	千	百	十	万	千	百	十	元	角	分
票据种类		票据张数													
票据号码															
		复核　　记账				开户银行签章									

ICBC 中国工商银行　　　进账单(收账通知)

年　月　日　　　　　　　No

出票人	全　称		收款人	全　称											此联是收款人开户银行交给收款人的收账通知
	账　号			账　号											
	开户银行			开户银行											
金额	人民币（大写）				亿	千	百	十	万	千	百	十	元	角	分
票据种类		票据张数													
票据号码															
		复核　　记账				开户银行签章									

（二）编制记账凭证

【业务1】2020-08-01,取得原始凭证1张。

```
中国建设银行
现金支票存根
10501812
00007733
附加信息付款行账号：
41290317115267

出票日期 2020 年 08 月 01 日
收款人：徐州味丰食品有限公司
金　额：￥5 000.00
用　途：备用金

单位主管　　　会计
```

记　账　凭　证
　　年　月　日　　　　　　　记　字号　　分号

摘　要	总账科目	明细科目	借方金额 亿千百十万千百十元角分	贷方金额 亿千百十万千百十元角分	√
					□
					□
					□
					□
					□
	合　　计				□

会计主管：　　记账：　　出纳：　　复核：　　制单：

【业务2】2020-08-03，取得原始凭证1张。

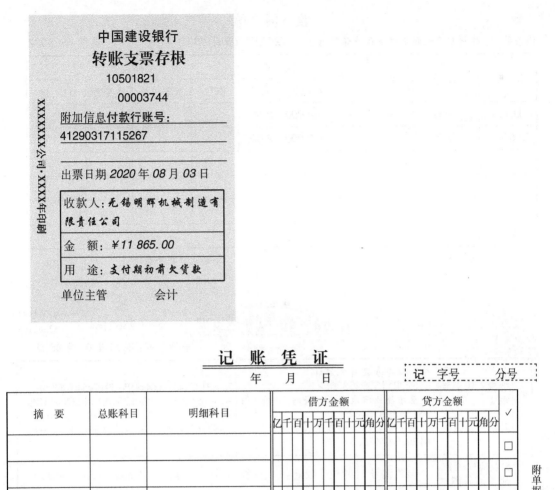

【业务3】2020-08-06,取得原始凭证8张。

收 料 单

供应单位：徐州中飞机械制造有限责任公司　　2020 年 08 月 06 日　　编号：SL8337

材料编号	名称	单位	规格	数量		实际成本			
				应收	实收	单价	发票价格	运杂费	总价
CL01001	黄桃	kg		2 000	2 000				
CL01002	草莓	kg		2 000	2 000				
备注：									

第二联　记账联

收料人：　　　　　　　　交料人：刘莹莹

江苏省增值税专用发票

发票联 No. 12562164
3203185140 / 12562164
开票日期：2020 年 08 月 06 日

购买方		
名　称：	徐州味丰食品有限公司	
纳税人识别号：	913203115094633652	
地　址、电话：	江苏省徐州市泉山区湖北路24号 0516-89315462	
开户行及账号：	中国建设银行徐州市泉山区支行 41290317115267	

密码区：
78﹡3187<4/+1064<+95-59+7<5406783<0-->>-6>525<056583->7﹡787﹡3187<4/+8490<+112690868572+<712/<1+9016>2608++>84>612<+95-59+7<7769302<0-->>-6

货物及应税劳务、服务的名称	规格型号	单位	数量	单价	金额	税率	税额
黄桃		kg	2 000	10	20 000.00	13%	2 600.00
草莓		kg	2 000	15	30 000.00	13%	3 900.00
合　计					¥50 000.00		¥6 500.00
价税合计（大写）	⊗伍万陆仟伍佰元整				（小写）¥56 500.00		

销售方	
名　称：	徐州中飞机械制造有限责任公司
纳税人识别号：	913203118108175543
地　址、电话：	江苏省徐州市泉山区陆军街杨广路31号 0516-27141027
开户行及账号：	中国建设银行徐州市泉山区支行 41196276508981

备注：（徐州中飞机械制造有限责任公司 913203118108175543 发票专用章）

收款人：　　复核：　　开票人：王刚　　销售方（章）

江苏省增值税专用发票

抵扣联 No. 80241654
3203185140 / 80241654
开票日期：2020 年 08 月 06 日

购买方	
名　称：	徐州味丰食品有限公司
纳税人识别号：	913203115094633652
地　址、电话：	江苏省徐州市泉山区湖北路24号 0516-89315462
开户行及账号：	中国建设银行徐州市泉山区支行 41290317115267

密码区：
20﹡3187<4/+2170<+95-59+7<4334142<0-->>-6>525<455293->7﹡787﹡3187<4/+8490<+866054874636+<712/<1+9016>3438++>84>337<+95-59+7<9267790<0-->>-6

货物及应税劳务、服务的名称	规格型号	单位	数量	单价	金额	税率	税额
﹡运输服务﹡运输费		次	1	2 000.00	2 000.00	9%	180.00
合　计					¥2 000.00		¥180.00
价税合计（大写）	⊗贰仟壹佰捌拾元整				（小写）¥2 180.00		

销售方	
名　称：	徐州高亚物流运输有限责任公司
纳税人识别号：	913203113429649146
地　址、电话：	江苏省徐州市泉山区刘德街亨秋路64号 0516-52967061
开户行及账号：	中国建设银行徐州市泉山区支行 41993731655203

备注：车种车号：苏 B93007 起动地：徐州市泉山区 到达地：徐州市泉山区 货物名称：黄桃、草莓

收款人：　　复核：　　开票人：朱秀烨　　销售方（章）

江苏省增值税专用发票

发票号码：3203185140　No.80241654

开票日期：2020年08月06日

购买方
- 名称：徐州味丰食品有限公司
- 纳税人识别号：913203115094633652
- 地址、电话：江苏省徐州市泉山区湖北路24号 0516-89315462
- 开户行及账号：中国建设银行徐州市泉山区支行 41290317115267

密码区：
20*3187<4/+2170<+95-59+7<4334142<0-->>-6>525<455293->7*787*3187<4/+8490<+866054874636+<712/<1+9016>3438++>84>337<+95-59+7<9267790<0-->>-6>

货物及应税劳务、服务的名称	规格型号	单位	数量	单价	金额	税率	税额
*运输服务*运输费		次	1	2 000.00	2 000.00	9%	180.00
供应商垫付							
合计					￥2 000.00		￥180.00

价税合计（大写）：⊗贰仟壹佰捌拾元整　　（小写）￥2 180.00

销售方
- 名称：徐州高亚物流运输有限责任公司
- 纳税人识别号：913203113429649146
- 地址、电话：江苏省徐州市泉山区刘德街李秋路64号 0516-52967061
- 开户行及账号：中国建设银行徐州市泉山区支行 41993731655203

备注：车种车号：苏B93007 起动地：徐州市泉山区 到达地：徐州市泉山区 货物名称：黄桃、草莓

收款人：　复核：　开票人：朱秀烨　销售方（章）

中国建设银行 转账支票存根
10501821
00003745

附加信息付款行账号：41290317115267

出票日期 2020年08月06日

收款人：徐州中飞机械制造有限责任公司

金额：￥56 500.00

用途：支付货款

单位主管　　会计

中国建设银行 转账支票存根
10501821
00003746

附加信息付款行账号：41290317115267

出票日期 2020年08月06日

收款人：徐州高亚物流运输有限责任公司

金额：￥2 180.00

用途：支付运输费

单位主管　　会计

采购费用分配表

2020-08-06　　　　　　　　　　　　　　　　　　　　　　　　　　单位：元

材料名称	分配标准(数量)	分配率	分配金额
黄桃			
草莓			
合计			

制表：　　　　　　　　　　　　　　　　　　　　　　　　　　　审核：

记 账 凭 证

　　　　　年　月　日　　　　　　　　　　　　　记　字号　　分号

摘要	总账科目	明细科目	借方金额 亿千百十万千百十元角分	贷方金额 亿千百十万千百十元角分	√
合计					

会计主管：　　　记账：　　　出纳：　　　复核：　　　制单：

附单据　张

【业务4】2020-08-10，取得原始凭证2张。

中国建设银行
转账支票存根
10501821
00003742
附加信息付款行账号：
41290317115267

出票日期 2020 年 08 月 10 日

收款人：徐州味丰食品有限公司
金　额：¥30 500.00
用　途：支付工资

单位主管　　　会计

XXXXXXX公司·XXXX年印制

工资发放明细表

2020-08-10
单位：元

| 姓名 | 部门 | 岗位 | 应付工资 | 专项扣除 ||||||| 计税基础 | 代扣个人所得税 | 代扣三险一金 ||| 代扣款合计 | 实发工资 |
				子女教育	继续教育	大病医疗	住房贷款利息	住房租金	赡养老人	专项扣除小计			代扣医疗保险	代扣养老保险	代扣失业保险	代扣住房公积金		
刘毅玮	办公室	法定代表人	4 000								4 000	0					0	4 000
朱胜利	办公室	总经理	3 000								3 000	0					0	3 000
蔡凤泉	财务部	财务经理	3 000								3 000	0					0	3 000
邵素云	财务部	出纳	2 000								2 000	0					0	2 000
环唯一	财务部	会计	2 000								2 000	0					0	2 000
高艳萍	生产车间	生产车间主任	4 000								4 000	0					0	4 000
柳德堂	采购部	采购员	2 000								2 000	0					0	2 000
殷玉军	生产车间	车间工人	3 500								3 500	0					0	3 500
张彦洁	生产车间	车间工人	3 500								3 500	0					0	3 500
陆永健	生产车间	车间工人	3 500								3 500	0					0	3 500
合计			30 500								30 500	0					0	30 500

制表：环唯一　　　　　　　　　　　　　　审核：蔡凤泉

记账凭证

年　月　日　　　记　字号　　分号

摘要	总账科目	明细科目	借方金额 亿千百十万千百十元角分	贷方金额 亿千百十万千百十元角分	√
	合计				

附单据　张

会计主管：　　记账：　　出纳：　　复核：　　制单：

【业务5】2020-08-11，取得原始凭证1张。

江苏省增值税普通发票

032021828704　　　　No.17218972　　032021828704
校验码 91020841885924176335　　　　17218972
开票日期：2020 年 08 月 11 日

购买方	名　　　称：徐州味丰食品有限公司 纳税人识别号：913203115094633652 地　址、电　话：江苏省徐州市泉山区湖北路24号 0516-89315462 开户行及账号：中国建设银行徐州市泉山区支行 41290317115267	密码区	80＊3187<4/+4018<+95-59+7<4859234<0- -->>-6>525<472862->7＊787＊3187<4/+849 0<+040123539531+<712/<1+9016>5197+ +>84>282<+95-59+7<7463754<0-->>-6>0

货物及应税劳务、服务的名称	规格型号	单位	数量	单价	金额	税率	税额
＊住宿餐饮＊餐费		次	1	471.70	471.70	6%	28.30
合　计					￥471.70		￥28.30

价税合计（大写）　⊗ 伍佰元整　　　　（小写）￥500.00

现金付讫

销售方	名　　　称：无锡华香酒店有限责任公司 纳税人识别号：913202033348531433 地　址、电　话：江苏省无锡市梁溪区张圆街郭伏路52号 0510-38728730 开户行及账号：交通银行无锡市梁溪区支行 41655154571543	备注	（无锡华香酒店有限责任公司 913202033348531433 发票专用章）

收款人：　　复核：　　开票人：王继峰　　销售方（章）

记 账 凭 证

年　月　日　　　　　　　记　字号　　分号

摘　要	总账科目	明细科目	借方金额 亿千百十万千百十元角分	贷方金额 亿千百十万千百十元角分	√
	合　　计				

会计主管：　　　记账：　　　出纳：　　　复核：　　　制单：

【业务6】2020-08-12，取得原始凭证3张。

江苏省增值税专用发票

No. 40876650
3101182140
40876650

开票日期：2020 年 08 月 12 日

购买方
- 名称：徐州味丰食品有限公司
- 纳税人识别号：913203115094633652
- 地址、电话：江苏省徐州市泉山区湖北路24号 0516-89315462
- 开户行及账号：中国建设银行徐州市泉山区支行 41290317115267

密码区：
76*3187<4/+6015<+95-59+7<4930489<0-
-->>-6>525<621324->7*787*3187<4/+849
0<+789696709724+<712/<1+9016>3056+
+>84>032<+95-59+7<8517700<0-->>-6>

货物及应税劳务、服务的名称	规格型号	单位	数量	单价	金额	税率	税额
*广告服务*其他广告发布服务		次	1	2 000.00	2 000.00	6%	120.00
合计					￥2 000.00		￥120.00

价税合计（大写）：⊗ 贰仟壹佰贰拾元整　　　（小写）￥2 120.00

销售方
- 名称：上海秀言广告服务有限责任公司
- 纳税人识别号：913101058654224733
- 地址、电话：上海市长宁区乔一街张弘路38号 021-25442993
- 开户行及账号：中国建设银行上海市长宁区支行 41434887916557

收款人：　　　复核：　　　开票人：胡晓杰　　　销售方（章）

中国建设银行 China Construction Bank

电汇凭证

2020 年 08 月 12 日　　　流水号：320320027J05008100

币别：人民币

汇款方式：☑普通　□加急

	汇款人		收款人
全称	徐州味丰食品有限公司	全称	上海秀言广告服务有限责任公司
账号	41290317115267	账号	41434887916557
汇出地点	江苏省徐州市/县	汇入地点	上海省上海市/县
汇出行名称	中国建设银行徐州市泉山区支行	汇入行名称	中国建设银行上海市长宁区支行

金额（大写）：贰仟壹佰贰拾元整　　　￥2 1 2 0 0 0

支付密码 7860-8674-4084-0737

附加信息及用途：支付广告费

客户签章：刘毅玮

会计主管：　　　授权：　　　复核：　　　录入：刘顺昌

【业务7】2020-08-15，取得原始凭证3张。

销 售 单

购货单位：北京唐舍酒店有限责任公司　地址和电话：北京市通州区王恒街马月路20号 010-40283121　单据编号：XS6803
纳税识别号 911101126926269412　开户行及账号 中国工商银行北京市通州区支行 41912507636776　制单日期：2020-08-15

编码	产品名称	规格	单位	单价	数量	金额	备注
SP0001	黄桃罐头		瓶	56.50	1 000	56 500.00	
SP0002	草莓罐头		瓶	67.80	600	40 680.00	
合计	人民币（大写）：玖万柒仟壹佰捌拾元整			—		¥97 180.00	

销售经理：　　　经手人：　　　会计：环唯一　　　收款人：王福

会计联

中国建设银行客户专用回单

币别：人民币　　2020年08月15日　　流水号：320320027J0500810073

付款人	全称	北京唐舍酒店有限责任公司	收款人	全称	徐州味丰食品有限公司
	账号	41912507636776		账号	41290317115267
	开户行	中国工商银行北京市通州区支行		开户行	中国建设银行徐州市泉山区支行
金额	（大写）人民币玖万柒仟壹佰捌拾元整			（小写）¥97 180.00	
凭证种类	电汇		凭证号码		
结算方式	转账		转账	贷款	

汇划日期：2020-08-15　　汇划款项编号：09892857
报文顺序号：30857263　　汇划行行号：1022504534356　　打印柜员：320325584257
汇出行行名：中国工商银行北京市通州区支行　　打印机构：中国建设银行徐州市泉山区支行
业务类型：0060　　原始凭证金额：97 180.00　　打印卡号：41290317115267
原始凭证种类：0703　　原始凭证号码：
附言：

打印时间：2020-08-15　　交易柜员：320325584268　　交易机构：320310594

第二联 贷方（回单）

电子回单专用章

记 账 凭 证

年　月　日

记　字号　　分号

摘要	总账科目	明细科目	借方金额 亿千百十万千百十元角分	贷方金额 亿千百十万千百十元角分	√
	合　　计				

会计主管：　　记账：　　出纳：　　复核：　　制单：

【业务8】2020-08-15，取得原始凭证1张。

中国建设银行客户专用回单

转账日期：2020 年 08 月 15 日
凭证字号：202008153232036157

纳税人全称及纳税人识别号：徐州味丰食品有限公司 91320311509463652
付款人全称：徐州味丰食品有限公司
付款人账号：41290317115267
付款人开户银行：中国建设银行徐州市泉山区支行
小写(合计)金额：￥48 010.32
大写(合计)金额：人民币 肆万捌仟零壹拾元叁角贰分
税(费)种名称：　　所属时期：
增值税　　2020-07-01 至 2020-07-31

征收机关名称：徐州市泉山区税务局
收缴国库(银行)名称：国家金库徐州市泉山区支库
缴款书交易流水号：20200815323203034200
税票号码：042020886003190841
实缴金额
￥48 010.32

记 账 凭 证

年　月　日

记　字号　　分号

摘　要	总账科目	明细科目	借方金额 亿千百十万千百十元角分	贷方金额 亿千百十万千百十元角分	√
					□
					□
					□
					□
					□
					□
合　　计					□

附单据　　　张

会计主管：　　　记账：　　　出纳：　　　复核：　　　制单：

【业务9】2020-08-15，取得原始凭证1张。

中国建设银行客户专用回单

转账日期：*2020* 年 *08* 月 *15* 日

凭证字号：*202008153232034686*

| 纳税人全称及纳税人识别号：*徐州味丰食品有限公司 9132031150946336520* |
| 付款人全称：*徐州味丰食品有限公司* |
| 付款人账号：*41290317115267*　　　征收机关名称：*徐州市泉山区税务局* |
| 付款人开户银行：*中国建设银行徐州市泉山区支行*　收缴国库(银行)名称：*国家金库徐州市泉山区支库* |
| 小写(合计)金额：¥*5 761.24*　　　缴款书交易流水号：*20200815323203798158* |
| 大写(合计)金额：人民币 *伍仟柒佰陆拾壹元贰角肆分*　税票号码：*042020608985441935* |
| 税(费)种名称：　　所属时期：　　　　　　　实缴金额： |
| 城市维护建设税　　2020-07-01 至 2020-07-31　　¥*3 360.72* |
| 教育费附加　　　　2020-07-01 至 2020-07-31　　¥*1 440.31* |
| 地方教育附加　　　2020-07-01 至 2020-07-31　　¥*960.21* |

记 账 凭 证

年　月　日　　　　　　　　记　字号　　分号

摘　要	总账科目	明细科目	借方金额 亿千百十万千百十元角分	贷方金额 亿千百十万千百十元角分	√
					□
					□
					□
					□
					□
	合　　　计				□

会计主管：　　　记账：　　　出纳：　　　复核：　　　制单：

【业务10】2020-08-15，取得原始凭证1张。

中国建设银行客户专用回单

转账日期：2020 年 08 月 15 日
凭证字号：2020081532320307

| 纳税人全称及纳税人识别号：徐州味丰食品有限公司 913203115094633652 |
| 付款人全称：徐州味丰食品有限公司 |
| 付款人账号：41290317115267 征收机关名称：徐州市泉山区税务局 |
| 付款人开户银行：中国建设银行徐州市泉山区支行 收缴国库（银行）名称：国家金库徐州市泉山区支库 |
| 小写（合计）金额：￥30 044.39 缴款书交易流水号：202008153232032232624 |
| 大写（合计）金额：人民币 叁万零肆拾肆元叁角玖分 税票号码：042020184513214134 |
| 税（费）种名称：　所属时期： 实缴金额 |
| 企业所得税　2020-07-01 至 2020-07-31 ￥30 044.39 |

记 账 凭 证

　　　　年　月　日　　　　　　　　记　字号　　分号

摘 要	总账科目	明细科目	借方金额 亿千百十万千百十元角分	贷方金额 亿千百十万千百十元角分	√
					□
					□
					□
					□
					□
					□
	合　　计				□

会计主管：　　　记账：　　　出纳：　　　复核：　　　制单：

【业务11】2020-08-31，取得原始凭证1张。

固定资产累计折旧计算表

2020-08-31　　　　　　　　　　　　　　　　　　　　　　　　　　　单位：元

固定资产类别	使用部门	名称	单位	数量	单位成本	原值	投入使用日期	预计使用年限	月折旧率	本月折旧额
电子设备	办公室	格力空调	台	2	3 000.00	6 000.00	2018-06-07	3		
生产设备	生产车间	生产线	台	1	150 000.00	150 000.00	2018-05-10	10		
房屋及建筑物	办公室	厂房	幢	1	100 000.00	100 000.00	2018-06-07	20		
合计						256 000.00				

制表：　　　　　　　　　　　　　　　　　　　　　　　　　　　　　审核：

记 账 凭 证

　　　　年　月　日　　　　　　　　记　字号　　分号

摘 要	总账科目	明细科目	借方金额 亿千百十万千百十元角分	贷方金额 亿千百十万千百十元角分	√
					□
					□
					□
					□
					□
					□
	合　　计				□

会计主管：　　　记账：　　　出纳：　　　复核：　　　制单：

【业务12】2020-08-31,取得原始凭证1张。

银行借款利息计算单

2020-08-31　　　　　　　　　　　　　　　　　　　　　　　　　　　　单位:元

借款种类	借款金额	贷款年利率	月利息额	备注
3个月周转借款	100 000.00	6%		2020-06-01 借入（　　）
合计				

制表:　　　　　　　　　　　　　　　　　　　　　　　　　审核:

记 账 凭 证

　　　年　月　日　　　　　　　　　　　　　　　　记　字号　　分号

摘 要	总账科目	明细科目	借方金额 亿千百十万千百十元角分	贷方金额 亿千百十万千百十元角分	√
					□
					□
					□
					□
					□
					□
合　　计					□

会计主管:　　　记账:　　　出纳:　　　复核:　　　制单:

附单据　　张

【业务13】2020-08-31,取得原始凭证2张。

江苏省代收罚款收据

NO.3958971

2020 年 08 月 31 日

当事人:徐州味丰食品有限公司	执法机关代码:323203
处罚决定书号:3160431	处罚日期:2020-08-31
罚款金额:¥500.00	没收款金额:
加收罚款金额:	
合计:¥500.00	
合计金额(人民币大写):伍佰元整	
上缴国库	预算级次
不 准 报 销	
代收机构(章)	收款人:李建强　　　　复核人:程刚

第二联　收据:由代收机构收款盖章后退当事人

中国建设银行
转账支票存根
10501821
00003740

附加信息付款行账号：
41290317115267

出票日期 *2020* 年 *08* 月 *31* 日

收款人：*徐州市泉山区环保局*

金　额：*￥500.00*

用　途：*环保罚款*

单位主管　　　　会计

XXXXXXXX公司·XXXX年印制

记 账 凭 证

　　年　月　日　　　　　　　记　字号　　分号

摘　要	总账科目	明细科目	借方金额 亿千百十万千百十元角分	贷方金额 亿千百十万千百十元角分	√
					□
					□
					□
					□
					□
					□
	合　　计				□

附单据　张

会计主管：　　　记账：　　　出纳：　　　复核：　　　制单：

【业务14】2020-08-31，取得原始凭证2张。

发出材料单位成本计算表

2020-08-31　　　　　　　　　　　　　　　　　　　　　　　　单位：元

材料名称	单位	期初数量	期初金额	本期入库数量	本期入库金额	单位成本
黄桃	kg					
草莓	kg					
合　计						

制表：　　　　　　　　　　　　　　　　　　　　　　　审核：

材料发出汇总表

2020-08-31　　　　　　　　　　　　　　　　　　　　　　　单位:元

领用部门	领料用途	产品	黄桃 数量/kg	黄桃 金额	草莓 数量/kg	草莓 金额	合计
生产车间	生产产品直接领用	黄桃罐头	1 500		0		
生产车间	生产产品直接领用	草莓罐头	0		1 000		
合　计							

制表:　　　　　　　　　　　　　　　　　　　　　　　　　审核:

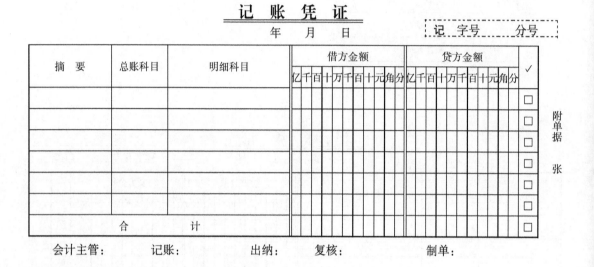

【业务15】2020-08-31,取得原始凭证3张。

产品生产工时明细表

2020-08-31　　　　　　　　　　　　　　　　　　　　　单位:小时

车间	产品	生产工时
生产车间	黄桃罐头	1 800
生产车间	草莓罐头	1 200
合　计		3 000

制表:环唯一　　　　　　　　　　　　　　　　　　审核:蔡风泉

工资明细表

2020-08-31　　　　　　　　　　　　　　　　　　　　　　　　　　　　　　单位：元

姓　名	部　门	岗　位	应付工资
刘毅玮	办公室	法定代表人	4 000.00
朱胜利	办公室	总经理	3 000.00
蔡风泉	财务部	财务经理	3 000.00
邵素云	财务部	出纳	2 000.00
环唯一	财务部	会计	2 000.00
高艳萍	生产车间	生产车间主任	5 000.00
柳德堂	采购部	采购员	2 000.00
殷玉军	生产车间	车间工人	3 600.00
张彦洁	生产车间	车间工人	3 500.00
蔡风泉	生产车间	车间工人	3 500.00
合　计			31 600.00

制表：环唯一　　　　　　　　　　　　　　　　　　　　　　　　　　　审核：蔡风泉

工资分配表

2020-08-31　　　　　　　　　　　　　　　　　　　　　　　　　　　　　　单位：元

项目	项目明细	直接计入	分配计入			合计
			生产工时（小时）	分配率	分配金额	
管理费用						
制造费用						
生产成本	黄桃罐头					
生产成本	草莓罐头					
合　计						

制表：　　　　　　　　　　　　　　　　　　　　　　　　　　　　　　审核：

记　账　凭　证

　　　　年　月　日　　　　　　　　　　　　　　记　字号　　分号

摘　要	总账科目	明细科目	借方金额 亿千百十万千百十元角分	贷方金额 亿千百十万千百十元角分	√
	合　计				

会计主管：　　　　记账：　　　　出纳：　　　　复核：　　　　制单：

【业务16】2020-08-31，取得原始凭证2张。

产品生产工时明细表

2020-08-31　　　　　　　　　　　　　　　　　　　　　　　单位：小时

生产车间	产品	生产工时
生产车间	黄桃罐头	1 800
生产车间	草莓罐头	1 200
合计		3 000

制表：环唯一　　　　　　　　　　　　　　　　　　　　　审核：蔡风泉

制造费用分配表

2020-08-31　　　　　　　　　　　　　　　　　　　　　　　单位：元

生产车间	产品	分配标准（工时）	分配率	分配金额
生产车间	黄桃罐头			
生产车间	草莓罐头			
合计				

制表：　　　　　　　　　　　　　　　　　　　　　　　　　审核：

记账凭证

年　月　日　　　　　　　　　　　　　　　　　　记　字号　　分号

摘要	总账科目	明细科目	借方金额	贷方金额	√
			亿千百十万千百十元角分	亿千百十万千百十元角分	
					□
					□
					□
					□
					□
		合　　计			□

会计主管：　　　记账：　　　出纳：　　　复核：　　　制单：

【业务17】2020-08-31，取得原始凭证2张。

产品产量明细表

2020-08-31　　　　　　　　　　　　　　　　　　　　　　　单位：瓶

生产部门	产品	月初在产品数量	本月投产产品数量	本月完工产品数量	本月产品入库数量	月末在产品数量	投料率	期末在产品完工率
生产车间	黄桃罐头	0	750	750	750	0	0	0
生产车间	草莓罐头	0	550	550	550	0	0	0

制表：环唯一　　　　　　　　　　　　　　　　　　　　　审核：蔡风泉

产品成本计算表

2020-08-31　　　　　　　　　　　　　　　　　　　　　　　　　　　　　　　　单位：元

生产部门	产品名称	成本项目	月初在产品成本	本月生产费用	生产成本合计	完工产品产量/瓶	在产品产量/瓶	在产品约当产量/瓶	产量合计/瓶	单位成本	完工产品成本	在产品成本
生产车间	黄桃罐头	直接材料										
生产车间	黄桃罐头	直接人工										
生产车间	黄桃罐头	制造费用										
小计												
生产车间	草莓罐头	直接材料										
生产车间	草莓罐头	直接人工										
生产车间	草莓罐头	制造费用										
小计												
合计												

制表：　　　　　　　　　　　　　　　　　　　　　　　　审核：

记 账 凭 证

年　　月　　日　　　　　　　　　　　　　　　记　字号　　　分号

摘要	总账科目	明细科目	借方金额 亿千百十万千百十元角分	贷方金额 亿千百十万千百十元角分	✓
合　　　计					

会计主管：　　　记账：　　　出纳：　　　复核：　　　制单：

记 账 凭 证

年　　月　　日　　　　　　　　　　　　　　　记　字号　　　分号

摘要	总账科目	明细科目	借方金额 亿千百十万千百十元角分	贷方金额 亿千百十万千百十元角分	✓
合　　　计					

会计主管：　　　记账：　　　出纳：　　　复核：　　　制单：

【业务18】2020-08-31,取得原始凭证2张。

库存商品单位成本计算表

2020-08-31　　　　　　　　　　　　　　　　　　　　　　　　　　单位:元

产品名称	期初结存		本期入库		本期发出库存商品单位成本
	数量/瓶	金额	数量/瓶	金额	
黄桃罐头					
草莓罐头					
合　计					

制表:　　　　　　　　　　　　　　　　　　　　　　　　审核:

销售产品成本结转表

2020-08-31　　　　　　　　　　　　　　　　　　　　　　　　　　单位:元

领用部门	用途	黄桃罐头		草莓罐头		合计
		数量/瓶	金额	数量/瓶	金额	
销售门市部	销售领用					
销售门市部	销售领用					
合　计						

制表:　　　　　　　　　　　　　　　　　　　　　　　　审核:

记 账 凭 证

年　　月　　日　　　　　　　　　　　记　字号　　　分号

摘　要	总账科目	明细科目	借方金额 亿千百十万千百十元角分	贷方金额 亿千百十万千百十元角分	√
					□
					□
					□
					□
					□
合　　计					

会计主管:　　　记账:　　　出纳:　　　复核:　　　制单:

附单据　　张

【业务19】2020-08-31,取得原始凭证1张。

税金及附加计算表

2020-08-31　　　　　　　　　　　　　　　　　　　　　　　　　　　单位：元

税（费）种	计税依据（增值税）	税率（征收率）	本期应交税费
应交城市维护建设税		7%	
应交教育费附加		3%	
应交地方教育附加		2%	
合　计			

制表：　　　　　　　　　　　　　　　　　　　　审核：

记　账　凭　证

年　　月　　日　　　　　　　　　　　记　字号　　　分号

摘　要	总账科目	明细科目	借方金额 亿千百十万千百十元角分	贷方金额 亿千百十万千百十元角分	√
					□
					□
					□
					□
					□
					□
合　　计					

附单据　　张

会计主管：　　　记账：　　　出纳：　　　复核：　　　制单：

【业务20】2020-08-31，取得原始凭证1张。

应交所得税计算表

2020-08-31　　　　　　　　　　　　　　　　　　　　　　　　　　　单位：元

项　　目	上期已申报金额	本期金额	本年累计金额
营业收入			
营业成本			
利润总额			
加：特定业务计算的应纳税所得额			
减：不征税收入			
减：免税收入、减计收入、所得减免等优惠			
减：固定资产加速折旧（扣除）调减额			
减：弥补以前年度亏损			
实际利润额			
税率			

续表

项　　目	上期已申报金额	本期金额	本年累计金额
应纳所得税额			
减：减免所得税额			
减：实际已缴纳所得税额			
减：特定业务预缴(征)所得税额			
本期应补(退)所得税额			

制表：　　　　　　　　　　　　　　　　　　　　　　　　审核：

记 账 凭 证

年　　月　　日　　　　　　　　　　　记　字号　　分号

摘　要	总账科目	明细科目	借方金额 亿千百十万千百十元角分	贷方金额 亿千百十万千百十元角分	√
					☐
					☐
					☐
					☐
					☐
合　　计					☐

附单据　　张

会计主管：　　　记账：　　　出纳：　　　复核：　　　制单：

【业务 21】2020-08-31,取得原始凭证 1 张。

损益类账户发生额结转表

2020-08-31　　　　　　　　　　　　　　　　　　　　　　　　单位：元

科目名称	本期借方发生额	本期贷方发生额
主营业务收入——商品销售收入——黄桃罐头		
主营业务收入——商品销售收入——草莓罐头		
主营业务成本——商品销售成本——黄桃罐头		
主营业务成本——商品销售成本——草莓罐头		
税金及附加——城市维护建设税		
税金及附加——教育费附加		
税金及附加——地方教育附加		
销售费用——广告宣传费		
管理费用——工资		
管理费用——业务招待费		

续表

科目名称	本期借方发生额	本期贷方发生额
管理费用——折旧费		
财务费用——利息支出		
营业外支出——罚款支出		
所得税费用——当期所得税费用		
合　计		

制表：　　　　　　　　　　　　　　　　　　　审核：

记　账　凭　证

　　　　　　　年　　月　　日　　　　　　　　　记　字号　　　分号

摘要	总账科目	明细科目	借方金额 亿千百十万千百十元角分	贷方金额 亿千百十万千百十元角分	√
					□
					□
					□
					□
					□
					□
合　计					□

附单据　张

会计主管：　　　记账：　　　出纳：　　　复核：　　　制单：

记　账　凭　证

　　　　　　　年　　月　　日　　　　　　　　　记　字号　　　分号

摘要	总账科目	明细科目	借方金额 亿千百十万千百十元角分	贷方金额 亿千百十万千百十元角分	√
					□
					□
					□
					□
					□
					□
合　计					□

附单据　张

会计主管：　　　记账：　　　出纳：　　　复核：　　　制单：

记 账 凭 证

年　月　日　　　　　　　　　记　字号　　分号

摘要	总账科目	明细科目	借方金额 亿千百十万千百十元角分	贷方金额 亿千百十万千百十元角分	√
					□
					□
					□
					□
					□
					□
合　　　计					□

会计主管：　　　记账：　　　出纳：　　　复核：　　　制单：

附单据　　张

（三）登记账簿

请根据本套训练资料"编制记账凭证"部分，登记徐州味丰食品有限公司银行存款——中国建设银行徐州市泉山区支行，账号41290317115267的人民币户日记账，并进行月度结账。（登记日记账，不做每日合计）

银行存款日记账

开户行：中国建设银行徐州市泉山区支行
账　号：41290317115267

2020年		凭证		支票号码	摘要	对方科目	收入（借方余额） 亿千百十万千百十元角分	支出（贷方金额） 亿千百十万千百十元角分	余额（结存余额） 亿千百十万千百十元角分	核对
月	日	种类	号数							
07	30				承前页		8 9 9 7 5 3 1 8	7 4 9 7 9 4 3 2	1 4 9 9 5 8 8 6 3	□
07	31				本月合计		8 9 9 7 5 3 1 8	7 4 9 7 9 4 3 2	1 4 9 9 5 8 8 6 3	□
										□
										□
										□
										□
										□
										□
										□
										□
										□
										□
										□
										□
										□
										□

(四) 编制科目汇总表

请根据本套训练资料"编制记账凭证"部分,按月编制科目汇总表。

科目汇总表

年 月 日至 月 日

编号:1		附件共 张
凭证号数	第 号至 号共 张	
	第 号至 号共 张	
	第 号至 号共 张	

会计科目	记账√	借方金额 十亿千百十万千百十元角分	贷方金额 十亿千百十万千百十元角分	会计科目	记账√	借方金额 十亿千百十万千百十元角分	贷方金额 十亿千百十万千百十元角分
合 计				合 计			

财会主管: 记账: 复核: 制表:

（五）编制财务报表

【业务 1】请根据本套训练资料"编制记账凭证"等部分的资料，编制 2020 年 8 月 31 日的资产负债表。

资产负债表

会企 01 表

编制单位：　　　　　　　　　　　　年　　月　　日　　　　　　　　　　　　单位：元

资　　产	期末余额	上年年末余额	负债和所有者权益 （或股东权益）	期末余额	上年年末余额
流动资产：			流动负债：		
货币资金		略	短期借款		略
交易性金融资产			交易性金融负债		
衍生金融资产			衍生金融负债		
应收票据			应付票据		
应收账款			应付账款		
应收款项融资			预收款项		
预付款项			合同负债		
其他应收款			应付职工薪酬		
存货			应交税费		
合同资产			其他应付款		
持有待售资产			持有待售负债		
一年内到期的非流动资产			一年内到期的非流动负债		
其他流动资产			其他流动负债		
流动资产合计			流动负债合计		
非流动资产：			非流动负债：		
债权投资			长期借款		
其他债权投资			应付债券		
长期应收款			其中：优先股		
长期股权投资			永续债		
其他权益工具投资			租赁负债		
其他非流动金融资产			长期应付款		
投资性房地产			预计负债		
固定资产			递延收益		
在建工程			递延所得税负债		

续表

资产	期末余额	上年年末余额	负债和所有者权益（或股东权益）	期末余额	上年年末余额
生产性生物资产			其他非流动负债		
油气资产			非流动负债合计		
使用权资产			负债合计		
无形资产			所有者权益（或股东权益）：		
开发支出			实收资本（或股本）		
商誉			其他权益工具		
长期待摊费用			其中：优先股		
递延所得税资产			永续债		
其他非流动资产			资本公积		
非流动资产合计			减：库存股		
			其他综合收益		
			专项储备		
			盈余公积		
			未分配利润		
			所有者权益（或股东权益）合计		
资产总计			负债和所有者权益（或股东权益）总计		

单位负责人： 　　　　主管会计工作的负责人： 　　　　会计机构负责人：

【业务2】请根据本套训练资料"编制记账凭证"等部分的资料，编制2020年8月的利润表。

利润表

年　月

会企02表

编制单位： 　　　　　　　　　　　　　　　　　　　　　　　　　　　　单位：元

项　目	本期金额	上期金额
一、营业收入		略
减：营业成本		
税金及附加		
销售费用		
管理费用		
研发费用		
财务费用		

续表

项　　目	本期金额	上期金额
其中：利息费用		
利息收入		
加：其他收益		
投资收益（损失以"-"号填列）		
其中：对联营企业和合营企业的投资收益		
以摊余成本计量的金融资产终止确认收益（损失以"-"号填列）		
净敞口套期收益（损失以"-"号填列）		
公允价值变动收益（损失以"-"号填列）		
信用减值损失（损失以"-"号填列）		
资产减值损失（损失以"-"号填列）		
资产处置收益（损失以"-"号填列）		
二、营业利润（亏损以"-"号填列）		
加：营业外收入		
减：营业外支出		
三、利润总额（亏损总额以"-"号填列）		
减：所得税费用		
四、净利润（净亏损以"-"号填列）		
（一）持续经营净利润（净亏损以"-"号填列）		
（二）终止经营净利润（净亏损以"-"号填列）		
五、其他综合收益的税后净额		
（一）不能重分类进损益的其他综合收益		
1. 重新计量设定受益计划变动额		
2. 权益法下不能转损益的其他综合收益		
3. 其他权益工具投资公允价值变动		
4. 企业自身信用风险公允价值变动		
……		
（二）将重分类进损益的其他综合收益		
1. 权益法下可转损益的其他综合收益		
2. 其他债权投资公允价值变动		
3. 金融资产重分类计入其他综合收益的金额		
4. 其他债权投资信用减值准备		

续表

项　　目	本期金额	上期金额
5. 现金流量套期		
6. 外币财务报表折算差额		
……		
六、综合收益总额		
七、每股收益		
（一）基本每股收益		
（二）稀释每股收益		

单位负责人：　　　　　　主管会计工作的负责人：　　　　　　会计机构负责人：